मैरियन पुष्टिकरण साथी

PAUL E. CRANLEY
(पॉल इ. क्रेनली)

कवर डिज़ाइन मैरी फ्लेनिगम द्वारा

स्टेंड ग्लास: सैंट ऐन चर्च, सैंट जोआचिम एडोरेशन चैपल

नेपल्स फ्लोरिडा। अनुमति के साथ प्रयोग किया जाता है

मैरियन
पुष्टिकरण
साथी

पॉल इ. क्रेनली

टोटस ट्यूस, मारिया

परेजे`शन `इड की री कॉपी:

https://mailchi.mp/marianconfirmationcompanion/mcc-pdf

ISBN:979-8-9904402-1-0

कॉ ुीराइट © 2021 ुॅल इ.
क्रेनली द्वारा र्वाधिकार ुरक्षित।

ISBN:979-8-9904402-1-0

सेंट मैक्सिमिलियन कोल्बे (1894-1941)
"हमारा उद्देश्य इमैकुलाटा के लिए दुनिया को जीतना है और इसे जल्द से जल्द करना है।

सेंट फ़ॉस्टिना कोवाल्स्का (1905-1938)
"आत्मा की सच्ची महानता ईश्वर से प्रेम करने और उनकी उपस्थिति में अपने आप को दीन बनाने में है, अपने आप को पूरी तरह से भूलने में और अपने आप को कुछ भी नहीं समझने में है, क्योंकि प्रभु महान है, लेकिन वह केवल विनम्र लोगों से ही प्रसन्न होते हैं, वह हमेशा अभिमानियों का विरोध करते हैं।" सेंट फ़ॉस्टिना से धन्य माँ

सेंट जॉन पॉल द्वितीय(1920-2005)
"माँ के बेदाग़ हृदय को दुनिया को समर्पित करने का अर्थ है पुत्र के क्रूस के नीचे लौटना। इसका अर्थ है इस दुनिया को उद्धारकर्ता के छेदे हुए हृदय के लिए समर्पित करना, इसे इसके मोचन के स्त्रोत तक वापस लाना।"

अंतर्वस्तु

परिचय... ix

सप्ताह 1 घोषणा... 1

सप्ताह 2 मरियम की एलिज़ाबेथ की यात्रा......................... 7

सप्ताह 3 यीशु का जन्म... 15

सप्ताह 4 मंदिर में यीशु की प्रस्तुति................................. 23

सप्ताह 5 मंदिर में यीशु की खोज.................................... 31

सप्ताह 6 यीशु का बपतिस्मा... 37

सप्ताह 7 काना में विवाह भोज.. 45

सप्ताह 8 राज्य की घोषणा... 51

सप्ताह 9 यीशु का रूपांतरण.. 57

सप्ताह 10 अंतिम दावत.. 65

सप्ताह 11 जैतून के बगीचे में यीशु की पीड़ा..................... 73

सप्ताह 12 स्तंभ पर यीशु को कोड़े मारना......................... 79

सप्ताह 13 काँटों वाला मुकुट.. 85

सप्ताह 14 क्रूस को उठाना... 91

सप्ताह 15 सूली पर चढ़ाया जाना...................................... 99

सप्ताह 16 यीशु का पुनरुत्थान.. 107

सप्ताह 17 यीशु का स्वर्गारोहण..................................... 115

सप्ताह 18 पवित्र आत्मा का अवतरण............................. 123

ससाह 19 स्वर्ग में पवित्र मरियम की धारणा 131
ससाह 20 स्वर्ग की रानी मरियम की ताज-पोशी 137
अभिषेक का दिन 145
अभिवादन 147
परिशिष्ट 153
संदर्भ 169
अभिस्वीकृति 171
लेखक के बारे में 173
माला की प्रार्थनाएँ 177
रोज़री आरेख 179

परिचय

उद्देश्य

बाहर अँधेरा है! हमारा समाज और हमारे सभी संस्थान तेजी से जूदेव-ईसाई परम्पराओं और नैतिकता को खो रहे हैं। विनाश की गति तेजी से बढ़ रही है, इसका स्पष्ट संकेत है आने वाली तबाही। साप्ताहिक जन-सभा में भाग लेने वाले कैथोलिकों की संख्या, युचरिस्ट में हमारे प्रभु की वास्तविक उपस्थिति में विश्वास करने वालों की संख्या, चर्च में विवाह करने वालों की संख्या, जन्म लेने वाले और बपतिस्मा लेने वाले बच्चों की संख्या और सच्चे विश्वास को अपनाने वाले युवा वयस्कों की संख्या तेजी से घट रही है। हमें अपने पुष्टिकरण कार्यकमों को मजबूत करना चाहिए क्योंकि यह संस्कार आखिरी मौका है जब हम अपने युवाओं को उनके घरों को छोड़ने और आधुनिक बुतपरस्ती के अँधेरे में जाने से पहले सच्चे कैथोलिक आस्था में शिक्षित कर सकते हैं।

हम इन प्रवृतियों को कैसे पलट सकते हैं? सेंट मैक्सिमिलियन कोल्बे का जवाब था: "**हमें दुनिया को बेदाग़ हृदय के लिए समर्पित करना चाहिए और इसे जल्द से जल्द करना चाहिए।**" (1) यह पुस्तक सेंट मैक्सिमिलियन कोल्बे के शब्दों को फिर से जीवंत करने का एक प्रयास है।

कैथोलिक पुष्टिकरण कार्यक्रमों के दो चरण होते हैं, एक कक्षा में आयोजित किया जाता है और दूसरा एक प्रायोजक के साथ घर की सेटिंग में आयोजित किया जाता है। 20 साल हाई स्कूल यूथ मिनिस्ट्री के साथ काम करने और इस प्रक्रिया के दौरान अपने चार बच्चों की मदद करके, मैंने पाया है कि प्रायोजक को बहुत कम मार्गदर्शन मिलता है कि कैसे हमारे कैथोलिक विश्वास को अच्छी भक्ति की आदतों के माध्यम से जीवंत बनाने के लिए उनके उम्मीदवार को कैसे सलाह दी जाए। यह पुस्तक पुष्टिकरण वाले उम्मीदवार और प्रायोजक का यह सीखने में मार्गदर्शन करती है कि हमें उनके दिव्य पुत्र यीशु के साथ जोड़ने के लिए इस प्रक्रिया में हमारी स्वर्गीय माता को कैसे आमंत्रित किया जाए। साथ में, हम रोज़री की प्रार्थना करना सीखेंगे, इसमें शामिल शास्त्र की सच्चाइयों को समझेंगे और मैरियन अभिषेक के सिद्धांतों को समझेंगे। हम पवित्र

आत्मा की मदद के साथ, माँ मरियम से सीखेंगे, परमेश्वर को सबसे ऊपर कैसे प्रेम करें और अपने पड़ोसी को अपने समान प्रेम कैसे करें।

कैथोलिक आस्था को जीवित रखने और जीवन भर चलाने के लिए, माँ मरियम को पहले तो हमें यह सिखाकर हमारा व्यक्तिगत प्रशिक्षक और साथी बनना चाहिए कि उन्हें कैसे प्रेम करें जिस तरह से वह हमसे प्रेम करती है; और दूसरा, दो महान आज्ञाओं के आदर्श मॉडल, उनके बेदाग़ हृदय के प्रेम का अनुकरण कैसे करें। इस प्रक्रिया में, पुष्टिकरण के संस्कार की प्राप्ति के लिए उम्मीदवार को तैयार करने के लिए उसे कई दिव्य अनुग्रह प्राप्त होंगे।

मरियम द्वारा यीशु को अभिषेक

जब यीशु अपने बारह प्रेरितों को एक मिशनरी के काम के बारे निर्देश दे रहा था तो उसने कहा **"जो तुम्हारा स्वागत करता है, वह मेरा स्वागत करता है और जो मेरा स्वागत करता है वह उसका स्वागत करता है, जिसने मुझे भेजा है।** (मत्ती. 10:40) वह उन्हें एक सच्चाई सिखा रहा था जो उसकी माँ और सौतेले पिता, सेंट जोसेफ ने पहली बार उसके जन्म से पहले अनुभव किया था। महादूत गेब्रियल की आज्ञा के अनुसार, जब सेंट जोसेफ मैरी को अपने घर में ले आये, तो उन्होंने यीशु का अपने हृदय और घर में भी स्वागत किया और इस तरह आश्चर्यजनक नए तरीके से परमेश्वर का अनुभव किया। इसे **सेंट जोसेफ का गुप्त मैरियन आशीर्वाद कहा जाता है**। उसने अपना जीवन इस रहस्य को बनाए रखने में बिताया क्योंकि राजा हेरोदेस यीशु को मारने की कोशिश कर रहा था और तीन साल तक मिस्र में छिपे रहकर यीशु और मरियम की रक्षा करने की उसे महादूत गेब्रियल द्वारा आज्ञा दी गई थी।

अगले 20 हफ्तों के दौरान, जब आप अपने प्रायोजक के साथ पुष्टिकरण संस्कार की तैयारी करते हैं, हम नए नियम के कई संतों की कहानियों का अध्ययन करेंगे जिन्होंने अपने जीवन में पहली बार मरियम को अपने हृदय और/या घरों में प्राप्त करने के बाद यीशु, पिता और पवित्र आत्मा को भी प्राप्त किया। आप भी इस सत्य का अनुभव करने और इस महान आशीर्वाद को प्राप्त करने में सक्षम होंगे जिसे चर्च मैरियन अभिषेक कहता है।

मैरियन अभिषेक एक पारंपरिक कैथोलिक आस्था है जो हमें अपने आप को एक पवित्र उद्देश्य के लिए अलग करने की अनुमति देती है: जो है माँ मरियम के हाथों में एक साधन बनने का। यीशु ने क्रूस से हमें मरियम को हमारी स्वर्गीय माँ के रूप में दिया। मरियम के प्रति अभिषेक उन्हें हमारे ईसाई जीवन को हर दिन जीने में हमारा निजी प्रशिक्षक बनने की हमारी दैनिक अनुमति देता है। हम उनके साथी बन जाते हैं, अपनी और दूसरों की आत्मा को यीशु के पास लाते हैं।

मरियम के माध्यम से यीशु के प्रति अभिषेक उसके सम्पूर्ण मातृ प्रेम को हमें उससे और परमेश्वर से प्रेम करने में मदद करने की अनुमति देता है। सेंट मैक्सिमिलियन कोल्बे ने हमें सिखाया "**इमैकुलाटा से प्रेम करो! उस पर विश्वास करो और बिना किसी संदेह के अपने आप को उसके लिए समर्पित करो। सब कुछ करने की कोशिश करें जैसे कि वह स्वयं आपके स्थान पर करेगी, विशेष रूप से परमेश्वर को प्रेम जैसे वह उससे प्रेम करती है।**"

हमारे अंत को ध्यान में रखते हुए

आइये अपने "अंत" को ध्यान में रखते हुए शुरूआत करें। परमेश्वर प्रेम है, इसलिए उसके जैसा बनने और हमेशा उसके साथ रहने के लिए, हमें लगातार सीखना चाहिए कि कैसे प्रेम करना है जैसा वह प्रेम करता है। यह एक कठिन चुनौती है; हमें कौन सिखाएगा?

सबसे पहले, माताएँ करेंगी! परमेश्वर ने आदेश दिया है कि पृथ्वी पर जन्म लेने वाली प्रत्येक आत्मा को त्यागपूर्ण मातृ प्रेम में डुबोया जाए ताकि वे विजयी रूप से दूसरी दुनिया, स्वर्ग में जाना सीख सकें। बच्चे के रूप में, हमारी माँ हमें पहली बार प्रेम करना सिखाती है और हमारे लिए अपने महान त्यागपूर्ण प्रेम का अनुकरण करना सिखाती है। यह हमें दूसरी महान आज्ञा सिखाता है "अपने पड़ोसी से अपने समान प्रेम करो।" हमारी माँ हमें खुद के रूप में प्रेम करने में माहिर है क्योंकि हम पूरी तरह से उसके भीतर बने थे। साथ ही, पहली महान आज्ञा भी हमें "सब बातों से ऊपर परमेश्वर से प्रेम करना" सिखाती है क्योंकि यीशु ने कहा: "**तुमने मेरे भाइयों में से किसी एक के लिए, चाहे वह कितना ही छोटा क्यों न हो, जो कुछ किया, वह तुमने मेरे लिए ही किया**" (मत्ती.

25:40) इसलिए, जब माँ हमसे प्रेम करती है, तो वह यीशु से भी प्रेम करती है। (2)

जब हम अपनी सांसारिक माँ से सीखने की इच्छा से आगे बढ़ते हैं, हमें अपनी स्वर्गीय माँ से सीखने के लिए पर्याप्त विनम्र और धैर्यवान होना चाहिए। माँ मरियम का प्रेम दो महान आज्ञाओं का उत्तम प्रतिबिंब है; वह यीशु से अपने समान प्रेम करती है और यीशु उसका प्रभु और उद्धारकर्ता है। हमें यह निर्देश देने के लिए कि स्वर्ग में कैसे जाना है, हमारी माँ मरियम से बेहतर उदाहरण कोई नहीं दिया गया है। परमेश्वर ने यह "रास्ता" बनाया और इस पर जोर दिया; कोई भी माँ के आत्मीय और त्यागपूर्ण योगदान के बिना पैदा नहीं होता है!

हव्वा, पहली माँ, आदम के लिए "सहायक साथी" के रूप में बनाई गई थी। उसकी दो महत्वपूर्ण भूमिकाएँ आदम को नया जीवन लाने में मदद करना और उनके परिवार को अनंत जीवन कायम रखने में मदद करना था। एक अच्छी माँ दूसरी भूमिका निभाती है जबकि वह पहली भूमिका निभाती है। शायद इसलिए शैतान ने पहला हमला हव्वा पर किया।

शायद यही कारण हो सकता है कि शैतान माँ मरियम से डरता है; वह पूरी तरह से समझता है कि कैसे परमेश्वर माँ के बलिदानी प्रेम के माध्यम से हमारी आत्माओं को बचा रहे हैं, जिसके लिए उन्हें चर्च ने "मातृ मध्यस्थता" नाम दिया है। (7)

यह इन दो महत्वपूर्ण भूमिकाओं के लिए था कि हव्वा और मरियम दोनों को पाप के बिना बनाया गया था - वे परमेश्वर की उत्तम दासी थीं। आदम और हव्वा ने अवज्ञा की, इस तरह पाप में गिर गए। समय की परिपूर्णता में, परमेश्वर ने अपने इकलौते पुत्र को नए आदम के रूप में एक युवा कुँवारी, मरियम, अपनी नई हव्वा के माध्यम से भेजा। मरियम ने स्वतंत्र रूप से इस योजना के लिए हाँ कहा और इस तरह हम सभी के लिए एक "साथी" बन गई: **"देखिए, मैं प्रभु की दासी हूँ। आपका कथन मुझ में पूरा हो जाये।"** (लूकस 1:38) माँ मरियम हमें पुष्टिकरण के संस्कार के लिए तैयार करने के लिए हमारी साथी और निजी प्रशिक्षक बनना चाहती हैं। परमेश्वर ने हमें मरियम को आदर्श ईसाई के उदाहरण के रूप में दिया है, तो आइये हम उसे हर दिन अपनी हाँ दें। संत मैक्सिमिलियन कोल्बे ने सिखाया: **"यदि आप पूर्णता में बढ़ना**

चाहते हैं तो आप अकेले आगे नहीं बढ़ सकते, आपको मार्गदर्शन की आवश्यकता है। इसलिए, जब आप परमेश्वर के पास जाते हैं, तो आप मरियम के माध्यम से और मरियम के साथ जाते हैं।" (3)

सबसे पवित्र रोज़री (माला)

एक बच्चा माँ के दोहराए गए विनम्र उदाहरणों के माध्यम से प्रेम सीखता है; प्रेम के उसके लगातार, मृदुभाषी शब्द और उसकी कोमल हरकतें प्रेम को दर्शाती हैं। बच्चे को उसे देखकर और उसका अनुकरण करके दूसरों को प्रेम करने का ज्ञान प्राप्त होता है: उसकी प्रेम भरी निगाहें, उसकी मुस्कान, उसके कोमल शब्द और यहाँ तक कि उसके गीत भी। जैसे ही बच्चा सुनता है, वह सीखता है कि उसके साथ कैसे संवाद करना है और आखिरकार अपने पहले शब्द कहता है। कितना मजेदार है! इन शांत और दोहराए जाने वाले कार्यों के माध्यम से बच्चा धीरे धीरे अपनी माँ के प्रेम भरे हृदय का अनुकरण करना सीखता है। सीखने के लिए माँ का दोहराना महत्वपूर्ण है। जब एक बार उसका बच्चा सीख जाता है कि बेहतर संवाद कैसे करना है, तो वह उसे अपने प्रेम के बारे में और परिवार के अन्य सदस्यों के प्रेम के बारे में और अधिक सिखा सकती है। किसी भी चीज से अधिक, वह उसे सिखाना चाहती है कि वह उसे उतना ही प्रेम करे जितना वह उससे प्रेम करती है; यह सुनहरा नियम है। **"दूसरों से अपने प्रति जैसा व्यवहार चाहते हो, तुम भी उनके प्रति वैसा ही किया करो।**" (मत्ती. 7:12)

जिस तरह एक माँ लगातार अपने प्रेम भरे शब्दों को दोहराती है और इस तरह अपने बच्चे को उन शब्दों को सही तरीके से बोलना सिखाती है, उसी तरह मरियम भी हमें सिखाती है कि हम परमेश्वर की भाषा में कैसे बोलें और सुनें: रोज़री की प्रार्थना की पुनरावृत्ति के माध्यम से।

वह अपने बच्चों को सिखाती है कि शास्त्रों के रहस्यों पर शब्दों और मनन के माध्यम से परमेश्वर के साथ कैसे संवाद किया जाए। रोज़री को पोप पायस XII द्वारा "संपूर्ण सुसमाचार का संग्रह" कहा गया है। (4) बीस रहस्य हमें कालानुक्रमिक क्रम में नए नियम की पहली चार पुस्तकों के माध्यम से ले जाते हैं, जिससे हम यीशु, मरियम और जोसेफ के जीवन को चार सुसमाचार प्रचारकों: मैथ्यू, मार्क, लूका और जॉन के दृष्टिकोण से देख सकते हैं। प्रत्येक रहस्य के लिए जय मरियम (शास्त्र में देवदूत

अभिवादन के रूप में भी जाना जाता है) का दस बार पाठ करना हमें प्रार्थना में केंद्रित रखता है, जैसे एक गीत में एक ताल हमें साथ जोड़े रखती है। जय मरियम प्रार्थनाओं के इस उत्तराधिकार को “मसीह की निरंतर प्रशंसा” के रूप में वर्णित किया गया है। (4) माँ मरियम हमें यीशु से प्रेम करना सिखाती हैं क्योंकि वह उसे अपने कोमल बेदाग़ हृदय से प्रेम करती है। रोज़री के रहस्यों पर विचार करना हमें मरियम से उसी तरह से प्रेम करना सिखाता है जैसे पिता, पुत्र और पवित्र आत्मा ने उससे प्रेम किया।

सदियों पहले, मैरी ने चमत्कारिक रूप से सेंट डोमिनिक और सेंट सिमोन स्टॉक को मैरियन रूपों में यह रोज़री प्रार्थना दी थी। उन्होंने सेंट डोमिनिक से कहा कि इसके बिना वह आत्माओं को परिवर्तित नहीं कर सकते। वह समय-समय पर कई अन्य प्रकटनों में इसकी पुष्टि करती रही, बार बार हमसे इसकी प्रार्थना करने के लिए कहती रही। संतों ने इसका पाठ किया और उन्हें रोज़री के बारे में सिखाया जिनकी वे परवाह करते हैं। एक बार जब हम सही ढंग से यह प्रार्थना करना सीख जाते हैं, तो हम अपनी माँ मरियम के लिए एक प्रेमपूर्ण उपहार के रूप में जीवन भर प्रार्थना करेंगे। वह इसको प्रेम करती है और उसे अपने बहुत सारे भटके हुए बच्चों को बदलने के लिए हमारी रोज़री की जरूरत है।

सेंट जॉन पॉल द्वितीय ने कहा कि प्रार्थना को बलिदान के साथ जोड़ने से अधिक शक्तिशाली कुछ भी नहीं है। “**बलिदान के साथ संयुक्त प्रार्थना मानव इतिहास की सबसे शक्तिशाली शक्ति है।**” (5) यह वास्तव में मुख्य कारण है कि मरियम ने हमें रोज़री दी। ईसाई-सभा के बाद, जो हमारे प्रभु के बलिदान के साथ संयुक्त प्रार्थना भी है, रोज़री सबसे शक्तिशाली प्रार्थना है जो हम कर सकते हैं।

रोज़री की प्रार्थना करते समय, हम अक्सर बेतरतीब विचारों से बहुत विचलित हो सकते हैं और अपने मन को उन शब्दों पर वापस लाने के लिए लगातार संघर्ष कर सकते हैं जो हम बोल रहे हैं या जिन रहस्यों पर ध्यान लगा रहे हैं। कुछ इसकी तुलना गौंटलेट परिभ्रमण के साथ करते हैं। जब हम माला को समाप्त करें तब हम सेंट पॉल के साथ कह सकते हैं, “**मैं अच्छी लड़ाई लड़ चुका हूँ, अपनी दौड़ पूरी कर चुका हूँ और पूर्ण रूप से ईमानदार रहा हूँ।**” (2 तिमथी 4:7)

अगले 20 हफ़्तों के लिए, हम आपसे अपने पुष्टिकरण प्रायोजक और/
या परिवार के साथ
प्रतिदिन कम से कम एक दशक की रोज़री की जोर-जोर से प्रार्थना
करने का
योगदान करने के लिए कहते हैं।
प्रार्थना करें कि जब आप पुष्टिकरण की तैयारी करते हैं तो आप पवित्र
आत्मा के लिए खुले
रहेंगे। किसी अन्य के साथ इसकी प्रार्थना करना हमारे समर्पण और
विश्वास को मजबूत
करता है और हमें अधिक जिम्मेदार बनाता है। यदि आप शारीरिक रूप
से अपने प्रायोजक के साथ उपस्थित नहीं हो सकते हैं, तो सेल फोन
या कंप्यूटर जैसे
इलेक्ट्रॉनिक मीडिया का उपयोग करके रोज़री और ध्यान को एक साथ
किया जा सकता है। मरियम के प्रति अपने प्रेम की ठोस निशानी
के रूप में इसे एक दैनिक आदत बना लें और पुष्टिकरण के दिन आप
इस प्रार्थना से
शक्तिशाली अनुग्रह का अनुभव करेंगे। "मैं क्या-क्या अनुभव करूँगा?" आप
पूछ सकते हैं। परिशिष्ट में रोज़री प्रार्थना करने वालों के लिए 15 वादे पढ़ें।

सेंट जोसेफ का गुप्त मैरियन आशीर्वाद

सेंट जोसेफ ने परमेश्वर की इच्छा को तुरंत स्वीकार करके परमेश्वर पर बहुत विश्वास और भरोसा दिखाया! एक सपने में, महादूत गेब्रियल ने उसे मैरी और अजन्मे यीशु का अपने घर में स्वागत करने का निर्देश दिया। यह कार्य परमेश्वर और मरियम के प्रति महान शक्ति, प्रेम और चरित्र को दर्शाता है। बदले में, जोसेफ को अपने पूरे जीवन में और स्वर्ग में अपनी आध्यात्मिक यात्रा पर एक अद्भुत साथी और सहायक मिला। मरियम के अपने हृदय और घर में प्रवेश करने के बाद, सेंट जोसेफ ने व्यक्तिगत रूप से एक आश्चर्यजनक नए तरीके से परमेश्वर का साक्षात्कार किया-एक दिव्य नवजात पुत्र के रूप में! एम्मानुएल ! परमेश्वर हमारे साथ हैं!परमेश्वर के पुत्र के जन्म पर उसे कितना अद्भुत अनुभव हुआ होगा! बेथलहम की सौ मील की यात्रा, एक चमत्कारी तारे का मार्गदर्शन, मवेशियों के लिए विश्राम स्थल के रूप में उपयोग की जाने वाली गुफा में जन्म, गरीब चरवाहों का स्वागत भोज और तीन

जादूगर-सभी स्वर्गीय पुष्टि कि यह बच्चा वास्तव में कौन है। जो कुछ भी घटित हुआ उससे वह बहुत चकित हुआ होगा। उसके बाद उसने एक बार फिर बहुत साहस और शक्ति दिखाई जब उसने महादूत द्वारा बताये जाने के बाद आज्ञा मानी कि वह सब कुछ छोड़कर यीशु और मरियम को मिस्त्र ले जाए क्योंकि राजा हेरोदेस उनके बच्चे को मारने की कोशिश कर रहा था। मिस्त्र में, उसने एक अप्रवासी बढ़ई के रूप में एक नया जीवन शुरू किया। तीन साल बाद, देवदूत ने उसे बताया कि घर जाना सुरक्षित था। उन्होंने यीशु को प्रेम से पाला; उन्होंने वर्षों तक उसका मार्गदर्शन, सुरक्षा और सहायता की।

यह संभव है कि, तीन साल तक परिवार को हेरोदेस से छुपाने के बाद, सेंट जोसेफ अपने बेटे की दिव्य पहचान को गुप्त रखने के लिए अपने बाकी के जीवन में सावधान रहे।

यद्यपि सेंट जोसेफ की कहानी शास्त्रों में बताई गई है, लेकिन उनके किसी भी शब्द को रिकॉर्ड नहीं किया गया है। हालाँकि, उन्होंने इस बड़े रहस्य को अपने दिल में रखा। उन्होंने मरियम को अपने हृदय में और अपने घर में अपनाया और पहले जैसा न रहा। सेंट जोसेफ का गुप्त मैरियन आशीर्वाद एक सार्वभौमिक तरीके से व्यक्त किया जा सकता है जो हम में से प्रत्येक पर लागू होता है: **मरियम के अपने हृदय और घर में प्रवेश करने के बाद, वह एक आश्चर्यजनक नए तरीके से परमेश्वर से मिला।** उनके अनुभव की पुष्टि बाद में स्वयं यीशु ने अपने प्रेरितों को शिक्षा देते हुए की कि: **"जो तुम्हारा स्वागत करता है, वह मेरा स्वागत करता है और जो मेरा स्वागत करता है वह उसका स्वागत करता है, जिसने मुझे भेजा है।** (मत्ती. 10:40) इस प्रकार, जब जोसेफ ने मरियम को ग्रहण किया, तब उन्होंने यीशु को ग्रहण किया।

यह आज हम पर कैसे लागू होता है? मरियम के पति के रूप में सेंट जोसेफ का अनुभव समय के साथ नए पतियों के साथ समानता रखता है, भले ही वह और मरियम दोनों अपने पूरे जीवन में यौन रूप से पवित्र थे। एक नया पति, अपनी नई दुल्हन का अपने हृदय और घर में स्वागत करने के बाद जब वह अपने नवजात बच्चे का चेहरा देखता है तो उसे ईश्वर की उपस्थिति का पता चलता है। **ईश्वर ने कहा, "हम मनुष्य को अपना प्रतिरूप बनायें, यह हमारे सदृश हो।**" (उत्पत्ति 1:26) प्राचीन समय में, जन्म का सही समय हमेशा एक आश्चर्य होता था, जैसे कि

बच्चे का लिंग। नया पिता अपने बच्चे को देखता है और खुद से कहता है, "मैंने इस बच्चे को अपने हाथों से नहीं बनाया है।" उसकी पत्नी इस बात से सहमत है कि बच्चे को अपने हाथों से नहीं बनाया गया था, क्योंकि वह स्वयं परमेश्वर की तरफ से उनके लिए एक चमत्कारी उपहार है, जैसा कि हव्वा ने अपने पहले बच्चे के बाद घोषित किया था: **"मैंने प्रभु की कृपा से एक मनुष्य को जन्म दिया"।** (उत्पत्ति 4:1) . परमेश्वर उनके घर आये हैं और जीवन कभी भी पहले जैसा नहीं रहेगा। यह बच्चा आने वाले वर्षों में युगल के लिए अविश्वसनीय मात्रा में नए अनुभव, नई आशा, नई ख़ुशी और नया प्रेम लाएगा - सब इसलिए क्योंकि एक नए पति ने अपनी नई पत्नी को अपने हृदय और घर में रखा और ईमानदारी से उसे अपने पूरे दिल से प्रेम किया। मसीहा के आने के बारे में इस धर्मशास्त्र के अंश पर चिन्तन करें और इसके सार्वभौमिक अर्थ पर विचार करें: "**देखो, एक कुँवारी गर्भवती होगी और पुत्र प्रसव करेगी, और उसका नाम एम्मानुएल रखा जायेगा, जिसका अर्थ है: ईश्वर हमारे साथ है।**" (मत्ती 1:23)

अगले बीस हफ्तों में हम नए नियम के शास्त्रों को खंगालेंगे जो उन लोगों के कई अन्य उदाहरणों को प्रकट करते हैं जिन्होंने मरियम को अपने हृदय और घर में ग्रहण करने के बाद **सेंट जोसेफ के गुप्त मैरियन आशीर्वाद** का अनुभव किया। उनमें से कुछ में शामिल हैं सेंट एलिजाबेथ, उनके बेटे सेंट जॉन द बैप्टिस्ट और उनके पति जकर्याह; बेतलेहेम में चरवाहे; जादूगर; उनके मंदिर गृह में शिमोन और एना; काना में वैवाहिक समारोह; बैतनिय्याह की मरियम, उसकी बहन मारता और उसका भाई लाज़र; सेंट मैरी मैग्डलीन; माँ मरियम की बहन मैरी; इम्माऊस की यात्रा में दो शिष्य और प्रेरित; अंतिम भोज में यीशु अखमीरी रोटी और मदिरा के रूप में, ईस्टर की सुबह पुनर्जीवित प्रभु के रूप में और रविवार को पेंटेकोस्ट पर पवित्र आत्मा की हवा और ज्वाला के रूप में उनके सामने प्रकट हुए। पतरस, याकूब और जॉन भी पहाड़ की चोटी पर एक बादल में परमेश्वर पिता से मिले और यीशु को अपने रूपांतरण के दौरान सूर्य की तरह चमकते हुए रूपांतरित होते हुए देखा। जो प्रेरित जॉन द बैप्टिस्ट के साथ थे, उन्होंने पहली बार यीशु को यरदन में उसके बपतिस्मा के बाद पानी के ऊपर उठते देखा, जब देवलोक खुल गया; एक कबूतर दिखाई दिया और परमेश्वर की वाणी सुनाई दी। सेंट वेरोनिका और गुड फ्राइडे के दिन मरियम के साथ क्रूस के नीचे इकठ्ठा हुए लोगों ने उसे इतना विकृत देखा कि उसे पहचाना नहीं जा सकता था। हम वास्तव में

उन सभी के लिए कह सकते हैं जिन्होंने माँ मरियम को अपने हृदयों में और अपने घरों में ग्रहण किया है, **"शब्द ने शरीर धारण कर हमारे बीच निवास किया।** (योहन 1:14) ठीक ऐसा ही मरियम के साथ हुआ जब उसने महादूत गेब्रियल का अपने घर और हृदय में स्वागत किया और परमेश्वर के दूत को हाँ कहा।

सेंट जोसेफ चाहते हैं कि हम में से प्रत्येक अपनी दुल्हन के इस महान और आश्चर्यजनक आशीर्वाद का अनुभव करें, मेरी राय में, हम उसे अपने हृदय में और हमारे घरों में आमंत्रित करने के लिए कह रहे हैं जैसा उसने किया था। यह महान मैरियन आशीर्वाद विभिन्न रूप ले सकता है, लेकिन यह हमेशा एक अप्रत्याशित आश्चर्य होता है और हमेशा स्वर्ग से नया दिव्य जीवन लाता है। इस कारण से, उनकी सबसे बड़ी उपाधि "मरियम ईश्वर की माँ" है, जो घरेलू आतिथ्य के इस गुण के माध्यम से ईश्वर को लाती है, जिसे वह अपने हृदय में प्रेम के सभी मानवीय रिश्तों में धारण करती है। सार्वभौमिक रूप से, माताएँ हमेशा हर प्रेम करने वाले परिवार के घरों और हृदयों में नया जीवन लाती हैं - माताएँ यही करती हैं!

हम सभी को सेंट जोसेफ की पत्नी मरियम और उनके बेटे यीशु को व्यक्तिगत रूप से जानने की हमारी यात्रा में मार्गदर्शन और सुरक्षा में मदद करने के लिए सेंट जोसेफ की तरफ देखना चाहिए।

आखिरकार, जब हम परमेश्वर को एक नए तरीके से अनुभव करते हैं, सेंट जोसेफ नहीं चाहते कि हम इसे गुप्त रखें! यदि हम अपनी व्यक्तिगत कहानियाँ साझा नहीं करते हैं, तो उन्हें कभी नहीं बताया जाएगा। अपने दोस्तों और परिवार के साथ अपना नया अनुभव साझा करें - यह अच्छी खबर है! एम्मानुएल! जब आप पुष्टिकरण की तैयारी करते हैं, तो इस महान आश्चर्यजनक आशीष के लिए प्रतिदिन प्रार्थना करें:

सेंट जोसेफ, महादूत गेब्रियल के आदेश पर, आपने मैरी को अपने दिल और अपने घर में आमंत्रित किया। आपने जल्द ही परमेश्वर को आश्चर्यजनक रूप से एक नए तरीके से खोज लिया-अपने नवजात पुत्र यीशु के रूप में। मैं मरियम को अपने हृदय और घर में आमंत्रित करना चाहता हूँ। मुझे दिखाओ कि मैं उससे कैसे प्रेम करूँ जैसे तुमने किया था, ताकि मैं भी अपने जीवन में परमेश्वर को नए सिरे से अनुभव कर

सकूँ। अंत में, मेरी और मेरे परिवार की सभी बुराइयों से रक्षा करें जैसे आपने अपने पवित्र परिवार की रक्षा की। आमीन।

मैरियन अभिषेक का प्राकृतिक और आध्यात्मिक तर्क

- एक माँ स्वाभाविक रूप से अपने बच्चे को खुद के रूप में प्रेम करने में माहिर होती है क्योंकि उसका बच्चा कई मायनों में वो स्वयं है! उसका बच्चा उसके भीतर पूरी तरह से बन चुका था। पृथ्वी पर किसी अन्य व्यक्ति का अपने बच्चे के साथ ऐसा अनोखा व्यक्तिगत प्रेमपूर्ण संबंध नहीं है। इस प्रकार, परिवार के भीतर, एक माँ दूसरी महान आज्ञा की सबसे कुशल शिक्षिका है: "तू अपने पड़ोसी से अपने समान प्रेम रखना।"
- एक माँ स्वाभाविक रूप से अपने बच्चे को पूरे दिल, आत्मा और दिमाग से प्रेम करने में सक्षम होती है क्योंकि उसका बच्चा न केवल उसके भीतर पूरी तरह से बना होता है बल्कि उसने बच्चे के जन्म से पहले नौ लंबे महीनों के लिए अपने बच्चे के साथ दिलों की एकता विकसित की है। माँ का पूरा शरीर नौ महीने तक इस बच्चे के विकास में पूरी तरह से लगा हुआ है, जिसमें उसका पूरा दिमाग और आत्मा भी शामिल है। अपने नवजात शिशु को प्यार करने वाली माँ को ध्यान से देखने पर यह पता चल सकता है कि वह अपने बच्चे को अपने पूरे दिल, आत्मा, मन और सामर्थ्य से प्रेम करती है। यदि आप एक नई माँ से पूछें कि क्या वह अपने बच्चे को अपने पूरे अस्तित्व से प्रेम करती है, तो वह कहेगी, "बिल्कुल!" यीशु ने हमें सिखाया: **"जो मेरे नाम पर इन बालकों में किसी एक का भी स्वागत करता है, वह मेरा स्वागत करता है और जो मेरा स्वागत करता है, वह मेरा नहीं, बल्कि उसका स्वागत करता है, जिसने मुझे भेजा है।"** (मारकुस 9:37) इस प्रकार, परिवार के भीतर, एक माँ पहली महान आज्ञा की सबसे कुशल शिक्षिका है: "**अपने प्रभु-ईश्वर को अपने सारे हृदय, अपनी सारी आत्मा, अपनी सारी बुद्धि और सारी शक्ति से प्यार करो।**" (मारकुस 12:30)
- यीशु ने हमें इन दो महान आज्ञाओं का महत्त्व सिखाया: "**इन्हीं दो आज्ञायों पर समस्त संहिता और नबियों की शिक्षा अवलम्बित हैं।"** (मत्ती 22:40) उस युवक से जिसने यीशु से पूछा, "अनंत जीवन का उत्तराधिकारी होने के लिए मुझे क्या करना चाहिए?"

उसने कहा, "**यही करो और तुम जीवन प्राप्त करोगे।**" (लूकस 10:28) इस प्रकार, एक माँ के पास एक अनूठा उपहार है: अपने परिवार के प्रत्येक सदस्य को अनंत जीवन की तरफ निर्देशित करने के लिए करिश्मा प्राप्त होना। माँ प्रामाणिक रूप से प्रत्येक बच्चे के लिए यीशु की नई आज्ञा को उद्धृत कर सकती है: "**मैं तुम लोगों को एक नयी आज्ञा देता हूँ- तुम एक दूसरे को प्यार करो। जिस प्रकार मैंने तुम लोगों को प्यार किया, उसी प्रकार तुम एक दूसरे को प्यार करो।** (योहन 13:34) हमारी कैथोलिक धर्मशिक्षा कहती है, "यह नई आज्ञा अन्य सभी आज्ञाओं का सारांश देती है और उनकी संपूर्ण इच्छा को व्यक्त करती है।" (6, #2822)

- मातृत्व पर इस चिंतन से यह पता चलता है कि हव्वा को आदम के "साथी" के रूप में बनाने का परमेश्वर का मूल उद्देश्य कम से कम दो गुना था: आदम को पृथ्वी पर नया जीवन उत्पन्न करने में मदद करना (परिवार के सदस्यों को अपने पड़ोसी से अपने समान प्रेम करना सिखाना) और सभी चीज़ों से ऊपर परमेश्वर के प्रेम को प्रतिरूपित करना। सेंट जॉन पॉल द्वितीय ने कहा कि "हृदयों के मिलन की दिशा में प्रगति करने के लिए पुरुषों को व्यक्तिगत संबंधों की ओर वापस ले जाने के लिए महिलाओं की मदद की आवश्यकता होती है।" (7) इसकी पुष्टि शास्त्र द्वारा की जाती है जब यीशु हमें अपनी अंतिम साँस में अपनी माता को हमारी माता के रूप में देते हैं। इसी तरह, नई हव्वा के रूप में मरियम का उद्देश्य हमें दो महान आज्ञाओं को सिखाना है ताकि हम अनन्त जीवन प्राप्त कर सकें। इसलिए, ईश्वर की इच्छा थी कि जन्म लेने वाला प्रत्येक व्यक्ति बलिदानपूर्ण मातृ प्रेम, दया, सच्चाई और सुन्दरता के इस बपतिस्मा के माध्यम से, प्रत्येक आत्मा को सिखाए कि कैसे अनुग्रह में रहना है और इसे स्वर्ग में वापस लाना है। परमेश्वर यह सुनिश्चित करना चाहते हैं कि हमारी दुनिया में आने वाली प्रत्येक आत्मा अपने सच्चे घर और अपने सच्चे सर्जक के पास वापिस चली जाए। शैतान यह जानता है और इससे नफरत करता है!

- शैतान इस योजना के बारे में जानता है और इसलिए मातृत्व पर अपने सभी हमलों को लक्षित करता है, जैसा कि प्रकाशना ग्रन्थ के लाल अजगर द्वारा दर्शाया गया है जो उसके बच्चे के जन्म के बाद उसे निगलने की प्रतीक्षा कर रहा है। (प्रकाशना

ग्रन्थ 12:1-6) हर उस समाजिक बुराई को देखें जिसकी हमारे चर्च ने निंदा की है और आप देखते हैं कि हर एक मातृत्व, पितृत्व और परिवार के माध्यम से आत्माओं को स्वर्ग में लाने की प्रकिया पर एक हमला है। ऐसा लगता है कि परमेश्वर ने इन दो महान आज्ञाओं को माताओं के दिलों में रखा है, और सबसे अच्छी तरह से उसकी माँ मरियम के हृदय में। इसलिए, जब हम हर दिन मरियम को अपने दिलों और घरों में आमंत्रित करते हैं और उनसे ईश्वर और पड़ोसी से प्यार करना सीखते हैं, तो हम हमेशा के लिए अपने पिता के साथ रहने के लिए स्वर्ग जाने की संभावना को सुरक्षित कर रहे हैं।

- **मैरियन अभिषेक** का सार हर दिन मरियम को वैसा होने की अनुमति देना है जैसा परमेश्वर चाहता है: हमारी आध्यात्मिक माँ इसके लिए बड़ी विनम्रता और प्रेम की आवश्यकता होती है, जो अधिकाँश लोगों के लिए एक बाधा है। अभिषेक हमें मरियम के साथ हृदयों की एकरूपता बनाने की अनुमति देता है, जैसा कि हर माँ स्वाभाविक रूप से अपने प्रत्येक बच्चे के साथ करती है। अपने बच्चे के साथ माँ के हृदय की एकरूपता उसके जन्म के कई वर्षों बाद भी बच्चे को अपने दिल के इतने करीब रखने में स्पष्ट रूप से दिखाई देती है। माँ अपने हृदय की एकरूपता की छाप पूरे परिवार के देखने के लिए अपने बच्चे के पूरे अस्तित्व पर भौतिक रूप से छोड़ रही है। क्या हम माँ को अपने बच्चों से प्यार करते देखकर कोमलता से प्यार करना नहीं सीखते?

- मैरियन अभिषेक के कलकत्ता संस्करण की सेंट टेरेसा दिलों के इस आदान-प्रदान पर ध्यान केन्द्रित करती हैं: हम मरियम को अपना हृदय देते हैं, और वह हमें अपना बेदाग़ हृदय देती हैं। मदर टेरेसा इसे दो बहुत ही सरल प्रार्थनाओं द्वारा व्यक्त करती है: "मरियम मुझे अपना हृदय उधार दो" और "मरियम, मुझे अपने सबसे शुद्ध हृदय में रखो" संत ने हमें **कर्तव्यों की सूची** (परिशिष्ट देखें) में सिखाया कि हम सभी को मरियम के हृदय में प्रवेश करने का, उसके आंतरिक जीवन में भाग लेने का अधिकार है। (1)

- चूँकि प्रभु हमेशा "उसके साथ" हैं, जब हम मरियम के साथ अपने हृदयों को जोड़ते हैं तो हम अपने प्रभु के दिव्य पवित्र हृदय का अनुभव करते हैं। यीशु भी हमसे वादा करता है, **क्योंकि जहाँ दो या तीन मेरे नाम इकट्ठे होते हैं, वहाँ में उनके बीच उपस्थित**

रहता हूँ।" (मत्ती 18:20) यदि परमेश्वर पिता ने उसे अपने पुत्र यीशु की माँ बनने के लिए चुना, और यदि यीशु ने उसे क्रूस पर से हमारी माँ के रूप में हमें प्रदान किया, तो हमें अनुग्रहपूर्वक इस अद्भुत उपहार को प्राप्त करना चाहिए जो हमारे जीवन में परमेश्वर की उपस्थिति का मार्गदर्शन करता है। (9)

मरियम द्वारा यीशु को अभिषेक: हमारी 20 सप्ताह की योजना

यह योजना एक पैरिश-आधारित पुष्टिकरण कार्यक्रम को बदलने के लिए नहीं है, बल्कि इसे बढ़ाने के लिए है। इस कार्यक्रम में आपको और आपके प्रायोजक को रोज़री के बीस रहस्यों में से प्रत्येक के लिए एक सप्ताह समर्पित करने के लिए आमंत्रित किया जाता है, अपने प्रायोजक और/या अपने परिवार के साथ हर दिन में कम से कम एक माला का दस बार जोर से जाप करना है। यदि आप आमने सामने नहीं मिल पा रहे हैं तो फोन या कंप्यूटर के माध्यम से मिलें। आप सप्ताह में एक बार माला के रहस्य और एक आज्ञा पर ध्यान करेंगे और सुझाए गए प्रश्न पर अपने प्रायोजक के साथ चर्चा करेंगे। इसके अलावा, प्रत्येक सप्ताह हम चिन्तन के लिए मैरियन अभिषेक के सिद्धांत का परिचय देंगे। इस प्रस्तावना में "प्रथम" सिद्धांत पर पहले ही चर्चा की जा चुकी है; यह है **एम्मानुएल, परमेश्वर हमारे साथ हैं**। हम इसे मरियम की हर महिमा में कहते हैं जब हम कहते हैं "**प्रभु तुम्हारे साथ है**।" अंत में आपको सुझाई गई अभिषेक प्रार्थना का उपयोग करते हुए प्रतिदिन मरियम के माध्यम से अपने आपको यीशु के लिए समर्पित करने के लिए कहा जाता है। यह पवित्र आत्मा के माध्यम से मरियम को तुरंत आपके साथ एक व्यक्तिगत संबंध विकसित करने की अनुमति देगा। माँ मरियम उम्मीदवार और प्रायोजक को खुद को पुष्टिकरण के अनुग्रह के लिए खोलने और नए और आश्चर्यजनक तरीकों से पवित्र आत्मा का अनुभव करने के लिए पूरी तरह से तैयार करेगी। यह आपको एक जीवंत और परिपक्व कैथोलिक ईसाई जीवन जीने में सक्षम करेगा।

बपतिस्मा संबंधी प्रतिज्ञाओं का नवीनीकरण

इस यात्रा को शुरू करने से पहले, आइये हम अपनी बपतिस्मा संबंधी प्रतिज्ञाओं को नवीनीकृत करें और खुद को और यीशु को याद दिलाएं कि हमारे पास पछतावा और पश्चाताप करने वाला हृदय है। (परिशिष्ट देखें)

यह यीशु को हम पर अपनी महान दया को उंडेलने की अनुमति देता है। हम पुष्टिकरण पर बिशप के साथ ऐसा करेंगे; लेकिन आइये आज से यह नवीनीकरण करके तैयारी शुरू करें। मरियम हमसे बहुत खुश होगी और जो हम प्रतिज्ञा करते हैं उसे पूरा करने में हमारी मदद करेगी।

पहली प्रतिज्ञा

आइये हम नीचे दी गई प्रतिज्ञा के साथ वादा करते हैं कि हम माँ मरियम को अपना सम्पूर्ण हृदय देंगे और इस पथ के दैनिक बलिदान के अनुशासन के प्रति आज्ञाकारी होंगे ताकि हम अपने पुष्टिकरण की तैयारी कर सकें। अपनी पुस्तक पर हस्ताक्षर करें और उस पर तिथि अंकित करें, यह माँ मरियम और आपके लिए एक प्रतिज्ञा है।

मैं, _____माँ मरियम आपके आगे प्रतिज्ञा करता/करती हूँ, कि मैं अपने प्रायोजक और/या परिवार के सदस्य के साथ अगले 5 हफ्तों तक हर पाठ का प्रतिदिन ईमानदारी से अध्ययन करूँगा/करूँगी और आपकी सबसे पवित्र माला की कम से कम दस बार जोर से प्रार्थना करूँगा/करूँगी। मैं आपसे पूछता/पूछती हूँ, माँ, मुझे आपसे प्यार करना सिखाओ जैसे आप मुझसे प्यार करते हो। मैं आपकी मदद से सीखना चाहता/चाहती हूँ कि परमेश्वर और पड़ोसी को उसकी दिव्य इच्छा के अनुसार कैसे प्यार करना है। मैं पिता, पुत्र और पवित्र आत्मा के नाम से यह प्रार्थना करता/करती हूँ। आमीन।

उम्मीदवार द्वारा हस्ताक्षरित और
दिनांक: _____
और प्रायोजक द्वारा _____

टिप्पणियाँ:

सप्ताह 1
घोषणा

देवदूत गेब्रियल
प्रकट होकर मरियम
को परमेश्वर की माँ
बनने के लिए कहता
है
आत्मा का फल: विनम्रता (10)

पवित्र शास्त्र:

छठे महीने स्वर्गदूत गब्रिएल, ईश्वर की ओर से, गलीलिया के नाजरेत नामक नगर में एक कुँवारी के पास भेजा गया, जिसकी मँगनी दाऊद के घराने के यूसुफ़ नामक पुरुष से हुई थी, और उस कुँवारी का नाम था मरियम। स्वर्गदूत मे उसके यहाँ अन्दर आ कर उससे कहा, "प्रणाम, प्रभु की कृपापात्री! प्रभु आपके साथ है।" वह इन शब्दों से घबरा गयी और मन में सोचती रही कि इस प्रणाम का अभिप्राय क्या है। तब स्वर्गदूत ने उस से कहा, "मरियम! डरिए नहीं। आप को ईश्वर की कृपा प्राप्त है। देखिए, आप गर्भवती होंगी, पुत्र प्रसव करेंगी और उनका नाम ईसा रखेंगी। वे महान् होंगे और सर्वोच्च प्रभु के पुत्र कहलायेंगे। प्रभु-ईश्वर उन्हें उनके पिता दाऊद का सिंहासन प्रदान करेगा, वे याकूब के घराने पर सदा-सर्वदा राज्य करेंगे और उनके राज्य का अन्त नहीं होगा।" पर मरियम ने स्वर्गदूत से कहा, "यह कैसे हो सकता है? मेरा तो पुरुष से संसर्ग नहीं है।" स्वर्गदूत ने उत्तर दिया, "पवित्र आत्मा आप पर उतरेगा और सर्वोच्च प्रभु की शक्ति की छाया आप पर पड़ेगी। इसलिए जो आप से उत्पन्न होंगे, वे पवित्र होंगे और ईश्वर के पुत्र कहलायेंगे। देखिए, बुढ़ापे में आपकी कुटुम्बिनी एलीज़बेथ के भी पुत्र होने वाला है। अब उसका, जो बाँझ कहलाती थी, छठा महीना हो रहा है; क्योंकि ईश्वर के लिए कुछ भी असम्भव नहीं है।" मरियम ने कहा, "देखिए, मैं प्रभु की दासी हूँ। आपका कथन मुझ में पूरा हो जाये।" और स्वर्गदूत उसके पास से चला गया।

(लूकस 1: 26-38)

प्रतिबिंब: परमेश्‍वर को हाँ कहो! देवदूत ने पूछा, और मरियम ने परमेश्वर के वचन को सुना और विश्वास किया और यीशु को अपने दिल और अपने घर में स्वतंत्र रूप से आमंत्रित किया। बाद के जीवन में यीशु अपने प्रेरितों को शिक्षा देगा: "जो तुम्हारा स्वागत करता है, वह मेरा स्वागत करता है;" (मत्ती 10:40) मरियम ने अपने घर में महादूत से मुलाक़ात की और उससे बोला गया परमेश्वर का वचन प्राप्त किया। तुरंत, यीशु उसके गर्भ में आ गया! परम पिता परमेश्वर उससे बहुत प्यार करता है और उसने उसके प्यार का जवाब ख़ुशी से अपने दिल में स्वागत करके दिया। मरियम ने अपने मार्गदर्शन के लिए परमेश्वर पर भरोसा किया, और परमेश्वर ने मरियम और जोसेफ पर इतना भरोसा किया कि उन्हें अपना पुत्र यीशु दे सके। हमें भी परमेश्वर पर भरोसा करना चाहिए। जब हम पुष्टिकरण की तरफ अपनी यात्रा की शुरूआत में मरियम को अपने हृदयों और घरों में आमंत्रित करते हैं, तो वह यीशु को अपने साथ ले आती है, क्योंकि प्रभु हमेशा "उसके साथ" हैं; वे पहले से ही हृदय से जुड़े हुए हैं, वह "एम्मानुएल" कहलाता है, जिसका अर्थ है "परमेश्वर हमारे साथ हैं"।

भले ही मरियम की मंगनी युसूफ से हुई थी, जो एक साथ रहने से पहले सगाई का क्षण है, चर्च हमें सिखाता है कि उसने जीवन भर कुँवारी रहने का संकल्प लिया था। हम उसे मरियम कहते हैं, आजीवन कुँवारी। (7) चर्च हमें यह भी सिखाता है कि वह उस दिन से मूल पाप से मुक्त है जिस दिन से वह उसकी माँ के गर्भ में थी। युसूफ उसे अपनी पत्नी के रूप में अपनाने और उसे, उसके पुत्र और उसकी पवित्रता को बनाये रखने के लिए सहमत हो गया। यह एक बहुत ही शुद्ध और पवित्र विवाह था और इस प्रकार मरियम अपने बेटे यीशु और उसके मिशन के लिए खुद को पूरी तरह से समर्पित करने के लिए स्वतंत्र थी। मरियम के और कोई सन्तान नहीं थी। यीशु ने मरियम को क्रूस पर प्रेरित युहन्ना के संरक्षण में नहीं सौंपा होता यदि उसकी देखभाल करने के लिए यीशु के भाई होते। (शास्त्र में वर्णित "यीशु के भाई" वास्तव में चचेरे भाई थे।) (7) इस तथ्य के बावजूद कि वह उसका पुत्र है, यीशु अभी भी उसका उद्धारकर्ता है।

सेंट जॉन पॉल द्वितीय बताते हैं कि मरियम की पसंद कितनी आश्चर्यजनक थी। "परमेश्वर का कार्य निश्चित रूप से आश्चर्यजनक लगता है। मरियम के

पास मसीहा के आने की घोषणा को प्राप्त करने का कोई मानवीय दावा नहीं है। वह महायाजक नहीं है, इब्रानी धर्म की आधिकारिक प्रतिनिधि नहीं है, न ही एक पुरुष है, बल्कि एक युवा महिला है जिसका अपने समय के समाज पर कोई प्रभाव नहीं है।" (7) पवित्र आत्मा का अद्भुत स्वभाव ईश्वरीय प्रेम का एक स्पष्ट संकेत है जिसके बारे में हम अगले उन्नीस अध्यायों में बात करेंगे।

अभिषेक का सिद्धांत: मरियम को अपने हृदय और अपने घर में आमंत्रित करें। पवित्र आत्मा से इसे भेजने के लिए कहें।

संट जोसेफ से आपके लिए प्रार्थना करने के लिए कहें कि आप भी अपना संट जोसेफ सीक्रेट मैरियन आशीर्वाद प्राप्त कर सकें। जब उसने महादूत के निर्देश पर मरियम को अपने हृदय और घर में आमंत्रित किया, तो वह आश्चर्यजनक रूप से नए तरीके से परमेश्वर से मिला-एक नवजात पुत्र के रूप में! मंदिर में नहीं न ही पहाड़ पर, बल्कि अपने घर में। मरियम से प्रेम करें जैसे पिता करते हैं और उस पर भरोसा करें कि वह अपने पुत्र को आपके हृदय में और आपके घर में प्रकट करेगा। मरियम ने परमेश्वर के निमंत्रण के लिए हाँ कहा जब उसने कहा, "तेरे वचन के अनुसार मेरे साथ ऐसा हो।" और यह उसके लिए एक अविश्वसनीय और आश्चर्यजनक जीवन यात्रा की शुरूआत थी। पुष्टिकरण की तैयारी के दौरान हमें भी परमेश्वर को हाँ कहना चाहिए। मरियम हमें हाँ कहने में मदद करेगी और अगर हम उससे पूछेंगे तो वह हमारे निजी प्रशिक्षक और साथी के रूप में हमारे साथ चलेगी! यीशु ने जो वादा अपने प्रेरितों से किया था उसे याद रखिये: "जो तुम्हारा स्वागत करता है, वह मेरा स्वागत करता है और जो मेरा स्वागत करता है वह उसका स्वागत करता है, जिसने मुझे भेजा है।" (मत्ती 10:40) जब हम मरियम का स्वागत करते हैं, हम यीशु का स्वागत करते हैं।

संतों की गवाही:

1. **संट जॉन पॉल द्वितीय (1920-2005)** "वास्तव में, यह माना जाना चाहिए कि सबसे पहले स्वयं परमेश्वर, अनन्त पिता ने, देहधारण के रहस्य में उसे अपना पुत्र देकर, खुद को नासरत की वर्जिन को सौंप दिया।" (9)

2. **संेट फ्रांसिस डी सेल्स (1567-1622)** "आप बोलकर बोलना सीखते हैं, अध्ययन करके पढ़ना सीखते हैं, दौड़कर दौड़ना सीखते हैं, काम करके काम करना सीखते हैं, और इसी तरह, आप प्यार करके प्यार करना सीखते हैं। जो कोई भी यह सोचता है कि वह किसी और तरीके से सीखता है, वह अपने आप को धोखा दे रहा है।" (11)
3. **संेट जॉन पॉल द्वितीय (1920-2005**) "पवित्र रोज़री हमें विश्वास के यथार्थ हृदय से परिचित करवाती है। इस पर अपने विचार के साथ, हम बार बार परमेश्वर की पवित्र माँ का ख़ुशी से अभिवादन करते हैं; उसके गर्भ का मीठा फल; उसके पुत्र को धन्य धोषित करें, और जीवन में और मृत्यु में उसकी मातृ सुरक्षा का आह्वान करें।" (12)

सदाचार पर प्रकाश: मरियम परमेश्वर पर बहुत भरोसा दिखाती है; दिव्य कृपा ने उसकी सहायता करने के लिए उसके विश्वास को बढ़ाया। परमेश्वर को उसकी विनम्रता प्रिय है, जो प्यार और विश्वास के बाद सबसे महत्वपूर्ण गुण है। उनका पुत्र इसे मरियम और संेट जोसेफ से सीखेगा।

सप्ताह की आज्ञा: ईसा ने उस से कहा, "अपने प्रभु-ईश्वर को अपने सारे हृदय, अपनी सारी आत्मा और अपनी सारी बुद्धि से प्यार करो। यह सब से बड़ी और पहली आज्ञा है।" (मत्ती 22:37-38) हम तीसरे सप्ताह में इस पहली आज्ञा की गहराई से जाँच करेंगे। पहली तीन आज्ञाएँ परमेश्वर के प्रेम पर केंद्रित हैं, अंतिम सात पड़ोसी के प्रेम पर ध्यान केंद्रित करती हैं। इसलिए, यीशु हमें सिखाते हैं कि सारी व्यवस्था इन दोनों पर आधारित है। (13) एक बच्चे के रूप में, हम सबसे पहले अपने माता-पिता द्वारा पड़ोसी से प्यार करना सीखते हैं; बाद के जीवन में, हम परमेश्वर के प्रेम के बारे में सीखते हैं। किसी भी पड़ोसी से मदद मांगने से पहले हमें पहले परमेश्वर से मदद के लिए प्रार्थना करनी चाहिए। तब, जब हमारा पड़ोसी हमारी मदद करने में सफल हो जाता है, तो हम अपने पड़ोसी में परमेश्वर के हाथ को पहचान सकते हैं। **मरियम, कृपया हमें सिखाएं कि इस आज्ञा का हमेशा पालन कैसे करें।**

प्रायोजक और/या माता-पिता के साथ अपने विश्वास को साझा करना: पवित्रशास्त्र में, यीशु हमें सिखाते हैं: **"माँगो और तुम्हें दिया जायेगा; ढूँढ़ों और तुम्हें मिल जायेगा; खटखटाओं और तुम्हारे लिए खोला जायेगा।**"

(मत्ती 7:7) क्या आपने कभी अपने जीवन में किसी चीज के लिए प्रार्थना करने के बाद इस सत्य का अनुभव किया है?

कार्य: इस अध्याय को एक साथ पढ़ें और अगले सात दिनों में प्रायोजक या परिवार के साथ प्रतिदिन कम से कम एक दस बार जोर से प्रार्थना करें। आपकी ओर से मरियम को एक अग्रिम और बलिदानपूर्ण उपहार के रूप में अपनी दैनिक रोज़री (माला) अर्पित करें - वह इसे प्यार करती है और आपको आशीर्वाद देगी। नीचे दी गई सुबह की पारंपरिक भेंट की प्रार्थना करें:

सुबह की भेंट

हे यीशु, मरियम के बेदाग़ हृदय के माध्यम से, मैं आपको आपके पवित्र हृदय के सभी इरादों के लिए, दुनिया भर में जनसमुदाय के पवित्र बलिदान के साथ, मेरे पापों की प्रतिपूर्ति के लिए, मेरे सभी रिश्तेदारों और दोस्तों के इरादों के लिए, और विशेष रूप से पवित्र पिता के इरादों के लिए, इस दिन की प्रार्थनाओं, कार्यों, खुशियों और कष्टों की पेशकश करता/करती हूँ। आमीन। (44)

टिप्पणियाँ :

सप्ताह 2
मरियम
की
एलिज़ाबे
थ की
यात्रा

मरियम अपनी चचेरी बहन एलिज़ाबेथ से मिलने जाती है, वो भी गर्भवती है

आत्मा का फल: पड़ोसी से प्यार (10)

पवित्र शास्त्र: मरियम एलिज़ाबेथ से मिलने जाती है।

उन दिनों मरियम पहाड़ी प्रदेश में यूदा के एक नगर के लिए शीघ्रता से चल पड़ी। उसने ज़करियस के घर में प्रवेश कर एलीज़बेथ का अभिवादन किया। ज्यों ही एलीज़बेथ ने मरियम का अभिवादन सुना, बच्चा उसके गर्भ में उछल पड़ा और एलीज़बेथ पवित्र आत्मा से परिपूर्ण हो गयी। वह ऊँचे स्वर से बोली उठी, "आप नारियों में धन्य हैं और धन्य है आपके गर्भ का फल! मुझे यह सौभाग्य कैसे प्राप्त हुआ कि मेरे प्रभु की माता मेरे पास आयीं? क्योंकि देखिए, ज्यों ही आपका प्रणाम मेरे कानों में पड़ा, बच्चा मेरे गर्भ में आनन्द के मारे उछल पड़ा। और धन्य हैं आप, जिन्होंने यह विश्वास किया कि प्रभु ने आप से जो कहा, वह पूरा हो जायेगा!"

मरियम का भजन
तब मरियम बोल उठी,
“मेरी आत्मा प्रभु का गुणगान करती है,
मेरा मन अपने मुक्तिदाता ईश्वर में आनन्द मनाता है;
क्योंकि उसने अपनी दीन दासी पर कृपादृष्टि की है। अब से सब पीढ़ियाँ मुझे धन्य कहेंगी;
क्योंकि सर्वशक्तिमान् ने मेरे लिए महान् कार्य किये हैं। पवित्र है उसका नाम!
उसकी कृपा उसके श्रद्धालु भक्तों पर पीढ़ी-दर-पीढ़ी बनी रहती है।
उसने अपना बाहुबल प्रदर्शित किया है, उसने घमण्डियों को तितर-बितर कर दिया है।
उसने शक्तिशालियों को उनके आसनों से गिरा दिया और दीनों को महान् बना दिया है।
उसने दरिंद्रों को सम्पन्न किया और धनियों को ख़ाली हाथ लौटा दिया है।
इब्राहीम और उनके वंश के प्रति अपनी चिरस्थायी दया को स्मरण कर,
उसने हमारे पूर्वजों के प्रति अपनी प्रतिज्ञा के अनुसार अपने दास इस्राएल की सुध ली है।”
लगभग तीन महीने एलीज़बेथ के साथ रह कर मरियम अपने घर लौट गयी।
(लूकस. 1:39-56)

प्रतिबिंब : अपने पड़ोसी को प्रेम करने में सक्रिय रहें! मरियम ने तुरंत अपनी स्वैच्छिक यात्रा शुरू की, अपने पुत्र को जाना, और सबसे पहले सेंट एलिज़ाबेथ के साथ यह साझा किया। जॉयफुल मिस्ट्रीज में वर्णित येरुशलम की चार यात्राओं में से यह पहली यात्रा है जहाँ वह आखिरकार अपने पुत्र को पिता को क्रूस पर अर्पित कर देगी। हर बार जब भी परमेश्वर हमें बुलाते हैं, तो वह हमें हमारे भाग्य और अनंत प्रतिफल की तरफ भेजते हैं। मरियम ने लगभग 100 मील की यात्रा करके और अपनी बुज़ुर्ग चचेरी बहन के लिए दया के कार्यों को करने में तीन महीने खर्च करके अपने बलिदानी प्रेम की पेशकश की थी। हमारे जीवन में परमेश्वर के चमत्कारों को देखने के लिए पहला कदम दया के कार्यों के माध्यम से अपने पड़ोसी को बलिदानी प्रेम करना है। (14) पवित्र शास्त्र कहता है कि वह “जल्दबाजी में” चली गई। मरियम सेवा करने और दया का कार्य करने के लिए उत्सुक है। वह एक बुज़ुर्ग चचेरी बहन की मदद करने के लिए उत्सुक है। लेकिन निःसंदेह वह अपनी खुशखबरी, अपने नए प्यार

को साझा करना चाहती है, और दूसरों को अपने अजन्मे बच्चे से उतना ही प्यार करने देना चाहती है जितना वह उससे प्यार करती है; यह माताओं की स्वाभाविक प्रवृति होती है।

इस पवित्रशास्त्र में, एलिज़ाबेथ मरियम का अपने घर और हृदय में स्वागत करती है और अचानक नए तरीकों से परमेश्वर से मिलती है जैसे ही पवित्र आत्मा उसके और युहन्ना के हृदय में प्रवेश करता है, उसका अजन्मा बच्चा उसके गर्भ में आनन्द से उछल पड़ता है। जैसा कि प्रस्तावना में बताया गया है उसने गुप्त मैरियन आशीर्वाद प्राप्त किया जिसे सेंट जोसेफ ने अनुभव किया था।

बहुत आनन्द के साथ, उसने अपने हृदय में पवित्र आत्मा के आगमन को महसूस किया और यीशु को अपने प्रभु के रूप में घोषित करने के लिए पवित्र आत्मा के उपहारों का उपयोग किया। जॉन द बैप्टिस्ट ने बदले में, अपनी माँ के गर्भ में उछलकर अजन्मे मसीह की उपस्थिति की पुष्टि की। एलिज़ाबेथ के पति जकर्याह, एक महायाजक, ने भी जॉन द बैपिस्ट के जन्म के बाद सेंट जोसेफ के गुप्त आशीर्वाद का भी अनुभव किया। जब यीशु मरियम के गर्भ में था तब जकर्याह बोलने की अक्षमता से चमत्कारिक रूप से चंगा हो गया! हम यहाँ मरियम को पवित्र आत्मा के सेवक के रूप में कार्य करते हुए देखते हैं, न केवल एलिज़ाबेथ के लिए बल्कि अजन्मे जॉन द बैपिस्ट और उसके पति जकर्याह के लिए भी। **यह आवाज़ आ रही है, "निर्जन प्रदेश में प्रभु का मार्ग तैयार करो। हमारे ईश्वर के लिए मैदान में रास्ता सीधा कर दो।** (इसायाह 40:3) **शायद उसने जॉन को उसका पहला स्नान करवाया, बपतिस्मा लेने वाला पहला बच्चा? "मेरी दुष्टता पूर्ण रूप से धो डाल, मुझ पापी को शुद्ध कर।**" (स्तोत्र ग्रन्थ 51:2)

जॉन द बैपटिस्ट यीशु के लिए एक महान संत और शहीद बन गया। यीशु ने जॉन के बारे में कहा: "**मैं तुम लोगों से यह कहता हूँ - मनुष्यों में योहन बपतिस्ता से बड़ा कोई पैदा नहीं हुआ।**" (मत्ती 11:11) अंततः जॉन ने यीशु के कई प्रेरितों को जीवन भर उसका अनुसरण करने और यहां तक कि उसके लिए मरने के लिए तैयार किया।

इस तीन महीने की यात्रा के दौरान, स्वर्ग के इन चमत्कारी संकेतों पर विचार करते हुए मरियम और सेंट एलिजाबेथ ने एक साथ प्रार्थना में

समय बिताया। जब परमेश्वर पवित्र आत्मा एक नए अद्भुत तरीके से आपके जीवन में प्रवेश करता है, तो वह अक्सर आपको एक व्यक्तिगत प्रार्थना साथी देता है। वह आपको एक तक ले जाएगा; और निःसंदेह, आपका प्रायोजक और माता-पिता आपके साथ और आपके लिए भी प्रार्थना करेंगे। जब मरियम और एलिज़ाबेथ जैसी माताएँ अपने बच्चों के लिए प्रार्थना करने के लिए एकत्रित होती हैं, तो वे आध्यात्मिक रूप से सशक्त होती हैं क्योंकि वे उन रोती हुई महिलाओं के लिए यीशु के निर्देशों का पालन कर रही होती हैं जिनसे वह क्रूस के रास्ते पर मिला था।"**हे यरूशलेम की पुत्रियों, मेरे लिये मत रोओ; परन्तु अपने और अपने बालकों के लिये रोओ।**"

अभिषेक का सिद्धांत: सुबह सबसे पहले, मरियम के माध्यम से यीशु को उपहार के रूप में प्रत्येक दिन की प्रार्थनाएँ, कार्य, खुशियाँ और पीड़ा दें। मरियम को अपनी मदद के लिए आमंत्रित करें जैसे उसने सेंट एलिजाबेथ की मदद की थी। उदाहरण: सुबह की भेंट की प्रार्थना करें।

संतो की गवाही:

1. **सेंट लुइस ग्रिग्नियन डी मोंटफोर्ट (1673-1716)** "आनंदित हैं वे लोग जिन पर पवित्र आत्मा मरियम के रहस्य को प्रकट करता है, ताकि वे इसे जान सकें।" (3)
2. **सेंट अल्फोंस लिगुओरी (1696-1787)** "दिव्य माँ कहती हैं, धन्य हैं वे, जो मेरे दान पर ध्यान देते हैं और मेरा अनुकरण करते हुए दूसरों के प्रति इसका अभ्यास करते हैं। हमारे पड़ोसी के प्रति हमारी उदारता इस बात का पैमाना होगी जो परमेश्वर और मरियम हमें दिखाएंगे।" (3)
3. **पोप बेनेडिक्ट सोलहवें (1927-)** "मसीह के रहस्यों पर चिन्तन के समय हम, रोज़री के माध्यम से खुद को मरियम, जो विश्वास का आदर्श हैं, के द्वारा निर्देशित होने देते हैं। दिन-ब-दिन, यह हमें सुसमाचार को आत्मसात करने में मदद करती है, ताकि यह हमारे जीवन को एक रूप दे सके।" (12)

सदाचार पर प्रकाश: तीन महीने का दया का कार्य मरियम के दान, प्रेम और करुणा का उदाहरण है। इसने उन्हें प्रसव के दौरान क्या करना चाहिए इसके बारे में भी उपयोगी ज्ञान सिखाया। परमेश्वर मरियम में ही है, और

वह अपने अंदर से उसका प्यार अपने पड़ोसियों को दे रही है। यीशु ने सेंट मारिया फॉस्टिना को दर्शन दिए और जोर देकर कहा कि हम दया के कार्य करें। **" मैं तुमसे दया के कार्यों की माँग करता हूँ, जो मेरे प्रति प्रेम से उत्पन्न होने चाहिए। तुम्हें अपने पड़ोसी पर हमेशा और हर जगह दया दिखानी चाहिए। तुम्हें इससे शर्माना नहीं चाहिए या माफी माँगने या खुद को इससे अलग करने की कोशिश नहीं करनी चाहिए।**" (42)

सप्ताह की आज्ञा: दूसरी (महान आज्ञा) है: "**दूसरी आज्ञा इसी के सदृश है- अपने पड़ोसी को अपने समान प्यार करो। इन्हीं दो आज्ञायों पर समस्त संहिता और नबियों की शिक्षा अवलम्बित हैं।"** (मत्ती 22: 39-40) परिचय में और पहले सप्ताह में हमने कहा कि यीशु ने दो "महान आज्ञाओं" को सिखाया जो सभी कानून और भविष्यद्वक्ताओं को सारांशित करता है। संत और कलीसिया भी हमें यह सिखाते हैं कि इन दो महान आज्ञाओं को जीने में मरियम सबसे आदर्श प्रतिरूप हैं। इस प्रकार, कानून और प्राचीन पैगंबर मरियम के शुद्ध दिल की अभिव्यक्ति हैं। इसका मतलब यह है कि हमारा विश्वास पुराने लोगों द्वारा नहीं बनाया गया था, लेकिन परमेश्वर ने स्त्री और पुरुष दोनों को बनाया। यह परमेश्वर पिता ही था जिसने यह निर्णय लिया कि हमारा विश्वास एक माँ के हृदय पर आधारित होगा। यह एक अविश्वसनीय रहस्योद्घाटन है, लेकिन यह स्पष्ट रूप से सच है, जैसा कि हमने मैरियन की अंतरात्मा की आवाज के प्राकृतिक और आध्यात्मिक तर्क के तहत परिचय में चर्चा की थी। यह शानदार संरचना यह सुनिश्चित करने का परमेश्वर का तरीका है कि जन्म लेने वाले प्रत्येक बच्चे को माँ के बलिदानी प्रेम से पूरी तरह से प्रशिक्षण मिले कि कैसे सभी को अनंत काल के लिए स्वर्ग में जाना है। परमेश्वर की आज्ञाओं का पालन करना सीखना हमारे उद्धार के लिए महत्वपूर्ण है!

प्रायोजक और/या माता-पिता के साथ अपने विश्वास को साझा करना: मरियम के गर्भ में अजन्मे यीशु के जवाब में युहन्ना का अपनी मां के गर्भ में छलांग लगाना उन सभी के लिए एक संकेत है कि जीवन गर्भाधान से शुरू होता है और यह कि सभी निर्दोष अजन्मे वास्तव में व्यक्ति हैं और उन्हें गर्भपात की बुराई से बचाने की आवश्यकता है। जीवन के प्रति सम्मान को बढ़ावा देने के लिए आप क्या कर सकते हैं?

कार्य: इस अध्याय को एक साथ पढ़ें और अगले सात दिनों में प्रायोजक या परिवार के साथ प्रतिदिन कम से कम दस बार जोर से प्रार्थना करें।

आपकी ओर से मरियम को एक अग्रिम और बलिदानपूर्ण उपहार के रूप में अपनी दैनिक माला अर्पित करें - वह इसे प्यार करती है और आपको आशीर्वाद देगी। नीचे दी गई सुबह की भेंट की प्रार्थना करें।

सुबह की भेंट

हे यीशु, मरियम के बेदाग़ हृदय के माध्यम से, मैं आपको आपके पवित्र हृदय के सभी इरादों के लिए, दुनिया भर में जनसमुदाय के पवित्र बलिदान के साथ, मेरे पापों की प्रतिपूर्ति के लिए, मेरे सभी रिश्तेदारों और दोस्तों के इरादों के लिए, और विशेष रूप से पवित्र पिता के इरादों के लिए, इस दिन की प्रार्थनाओं, कार्यों, खुशियों और कष्टों की पेशकश करता/करती हूँ। आमीन। (44)

टिप्पणियाँ:

सप्ताह 3
यीशु का जन्म

आत्मा का फल: आत्मा की दरिद्रता (10)

पवित्र शास्त्र: सब लोग नाम लिखवाने के लिए अपने-अपने नगर जाते थे। यूसुफ़ दाऊद के घराने और वंश का था; इसलिए वह गलीलिया के नाज़रेत से यहूदिया में दाऊद के नगर बेथलेहेम गया, जिससे वह अपनी गर्भवती पत्नी मरियम के साथ नाम लिखवाये। वे वहीं थे जब मरियम के गर्भ के दिन पूरे हो गये, और उसने अपने पहलौठे पुत्र को जन्म दिया और उसे कपड़ों में लपेट कर चरनी में लिटा दिया; क्योंकि उनके लिए सराय में जगह नहीं थी।

उस प्रान्त में चरवाहे खेतों में रहा करते थे। वे रात को अपने झुण्ड पर पहरा देते थे। प्रभु का दूत उनके पास आ कर खड़ा हो गया। ईश्वर की महिमा उनके चारों ओर चमक उठी और वे बहुत अधिक डर गये। स्वर्गदूत ने उन से कहा, "डरिए नहीं। देखिए, मैं आप को सभी लोगों के लिए बड़े आनन्द का सुसमाचार सुनाता हूँ। आज दाऊद के नगर में आपके मुक्तिदाता, प्रभु मसीह का जन्म हुआ है। यह आप लोगों के लिए पहचान होगी-आप एक बालक को कपड़ों में लपेटा और चरनी में लिटाया हुआ पायेंगे।" एकाएक उस स्वर्गदूत के साथ स्वर्गीय सेना का विशाल समूह दिखाई दिया, जो यह कहते हुए ईश्वर की स्तुति करता था, "सर्वोच्च स्वर्ग में ईश्वर की महिमा प्रकट हो और पृथ्वी पर उसके कृपापात्रों को शान्ति मिले!"

चरवाहों की भेंट. जब स्वर्गदूत उन से विदा हो कर स्वर्ग चले गये, तो चरवाहों ने एक दूसरे से यह कहा, "चलो, हम बेथलेहेम जा कर वह घटना देखें, जिसे प्रभु ने हम पर प्रकट किया है" वे शीघ्र ही चल पड़े और उन्होंने मरियम, यूसुफ़, तथा चरनी में लेटे हुए बालक को पाया। उसे देखने के बाद उन्होंने बताया कि इस बालक के विषय में उन से क्या-क्या कहा गया है। सभी सुनने वाले चरवाहों की बातों पर चकित हो जाते थे। मरियम ने इन सब बातों को अपने हृदय में संचित रखा और वह इन पर विचार किया करती थी। जैसा चरवाहों से कहा गया था,

वैसा ही उन्होंने सब कुछ देखा और सुना; इसलिए वे ईश्वर का गुणगान और स्तुति करते हुए लौट गये। (लूकस 2:3-20)

"यदि किसी पुरुष की दो पत्नियाँ है; एक जिसे वह प्यार करता है और दूसरी वह, जिसे वह प्यार नहीं करता है और यदि उसकी प्रिय तथा अप्रिय, दोनों पत्नियों से पुत्र उत्पन्न हों, किन्तु पहला पुत्र अप्रिय पत्नी से उत्पन्न हो, तो वह अपने पुत्रों में अपनी सम्पत्ति बाँटते समय अप्रिय पत्नी से उत्पन्न वास्तविक पहलौठे का अधिकार अपनी प्रिय पत्नी से उत्पन्न पुत्र को नहीं दे सकता है। उसे उस अप्रिय पत्नी के जेठे पुत्र को ही अपना पहलौठा मानना होगा और उसे अपनी समस्त सम्पत्ति में दूसरे का दूना भाग देना होगा, क्योंकि वह उसके पुरुषत्व का प्रथम फल है। पहलौठे का अधिकार उसी का है। (विधि-विवरण . 21:15-17) इसका मतलब यह नहीं कि यीशु के बाद मरियम के कोई बच्चे थे, सिर्फ इतना कि यीशु से पहले उसके कोई बच्चे नहीं थे। (6,#500)

प्रतिबिंब: जब आप किसी को अपने घर में आमंत्रित करते हैं, तो पीछे हटें और उनके प्रवेश करने के लिए "स्थान" बनाएं (17)। परमेश्वर ने पुरानी वाचा को एक परिवार के साथ आरम्भ किया; वह अब एक नए परिवार के साथ एक नई वाचा शुरू कर रहा है: पवित्र परिवार। यह परिवार वास्तविक परिवार का प्रारूप और परिभाषा है—ऐसा परिवार जो संत बनने और अनंत काल तक उसके साथ रहने के लिए परमेश्वर की सहायता के साथ मिलकर काम करता है। इसलिए, परिवार परमेश्वर द्वारा न केवल नया जीवन लाने के लिए बनाया गया था, बल्कि इसके भीतर सभी आत्माओं के लिए उद्धार के साधन के रूप में भी बनाया गया था। हमें परिवार के भीतर ही रहकर सीखना है कि स्वर्ग में कैसे जाना है।

इस जन्म की घोषणा नबी यशायाह ने 740 साल पहले की थी। (इसायाह 7:14) बिशप फुल्टन शीन के अनुसार, किसी भी अन्य विश्व धार्मिक नेता की पूर्व-घोषणा नहीं की गई थी। (21) यह घटना किसी मंदिर या पहाड़ की चोटी पर नहीं हुई थी, यह राजा डेविड के गृहनगर की एक गुफा में हुई थी। (7) बेथलहम नाम का अर्थ है "रोटी का घर," और इसलिए पशुओं के चारे के कुंड में सो रहा यह बच्चा जीवन की रोटी बन गया, स्वर्ग से आया नया मन्ना। परमेश्वर हमेशा हमारे साथ है, परिवार में और घर में—भले ही यह घर जीर्ण-शीर्ण गुफा हो। परमेश्वर को अपने हृदय और घर में बुलाओ, जैसा जोसेफ ने किया था जब वह

मरियम को अपने घर ले गया था। यह वह रात थी जब जोसेफ परमेश्वर से आश्चर्यजनक रूप से नए तरीके से मिला, एक शिशु और एक पुत्र के रूप में—और फिर भी, वह प्रभु परमेश्वर था! मरियम के हृदय और विनम्र निवास में चरवाहों का स्वागत किया गया, और वे स्वर्गदूतों की बात मानने के बाद आश्चर्यजनक रूप से नए तरीके से परमेश्वर के मेमने से भी मिले। बाद में, बुद्धिमान पुरुषों का उसके दिल और घर में स्वागत किया गया और उन्होंने भी आश्चर्यजनक रूप से नए तरीके से परमेश्वर की खोज की: एक शिशु जो एक दिव्य राजा था! चाहे आप गरीब हों या अमीर, बुद्धिमान हों या अज्ञानी, महल में रहें या बाहर तारों के नीचे किसी पहाड़ी पर, परमेश्वर आपसे मिलने एक नए और अप्रत्याशित तरीके से आएंगे। बस मरियम और जोसेफ से पूछें!

यह बेथलहम शहर है, राजा डेविड का जन्मस्थान (राजा जिसकी शुरुआत एक चरवाहे लड़के के रूप में हुई) । वह राजा बन गया जिसने अपने शासनकाल के दौरान यरूशलेम में उसका स्वागत करने के लिए वाचा के सन्दूक (मरियम का प्रतीक) के सामने नृत्य किया। राजा डेविड के लिए यह देखना कितना दर्दनाक रहा होगा कि पवित्र परिवार को अपने ही रिश्तेदारों द्वारा अस्वीकार कर दिया गया था, जिनके दिल और घरों में उनके लिए कोई जगह नहीं थी। "**वह अपने यहाँ आया और उसके अपने लोगों ने उसे नहीं अपनाया।**"(योहन 1:11) (41) इसलिए परमेश्वर ने अपने स्वर्गदूतों को पवित्र परिवार का स्वागत करने के लिए राजा डेविड के राजदूत के रूप में भेजने के लिए विनम्र चरवाहों को भेजा। अपने दिल में एक "स्थान" बनाएं और इस आगमन की मेजबानी करें ताकि वह स्वयं को भर सके। आखिर कुंआरी मरियम ने यही किया। उसने कौमार्य का व्रत लिया, इस प्रकार उसके गर्भ में एक "रिक्त स्थान" बना दिया, और परमेश्वर ने उसे अपने आप से एक नए तरीके से भर दिया! कितने आनंद की बात है!

अभिषेक का सिद्धांत: आइए हम मरियम के अतिथि-सत्कार के सद्गुणों का अनुकरण करें। गुप्त मैरियन आशीर्वाद जो सेंट जोसेफ ने प्रतिदिन अनुभव किया, वास्तव में मरियम के आतिथ्य का करिश्मा था। प्रभु उसके साथ और उसके भीतर है और वह हमेशा प्रभु को अपने सभी आगंतुकों से साँझा करती है, विशेष रूप से जो उसका स्वागत करते हैं या उसे प्राप्त करते हैं। अतिथि सत्कार एक सद्गुण है क्योंकि यह एक प्रेमपूर्ण मानवीय कार्य है, जो किसी आगंतुक के लाभ के लिए

किया जाता है, जो दैवीय कृपा से परिपूर्ण होता है। आतिथ्य वह है जो इब्राहिम ने उन तीन स्वर्गदूतों को दी, जो उस समय उसके पास आए थे, जब वह मामरे में अपने तम्बू में था। (उत्पत्ति 18:1-10) बदले में, इन आगुन्तकों ने वादा किया कि सारा–जो उस वक्त 90 साल की थी–जब वे एक साल बाद लौटेंगे तो चमत्कारिक रूप से एक बेटे को जन्म देगी, और उसके साथ ऐसा ही हुआ! यदि हम पवित्र मरियम के प्रति समर्पित हैं, तो हमें हमेशा आतिथ्य सत्कार करना चाहिए और मरियम के अनुग्रह को हमारी सहायता करने देना चाहिए। जिन लोगों के लिए हम यह आतिथ्य दिखाते हैं, वे हमारे अच्छे विश्वास के प्रयासों के कारण अप्रत्याशित रूप से परमेश्वर को देख सकते हैं। "आतिथ्य-सत्कार नहीं भूलें, क्योंकि इसी के कारण कुछ लोगों ने अनजाने ही अपने यहाँ स्वर्गदूतों का सत्कार किया है।" (इब्रानियों 13:2) संट थॉमस एक्विनास हमें सिखाते हैं, "हमें अतिथि-सत्कार करना चाहिए क्योंकि यह हमें दूसरों को परमेश्वर के अनुग्रह की सेवा करने, सुसमाचार की सच्चाई को साझा करने, परमेश्वर के दिल से दया और दयालुता प्रदान करने का अवसर देता है, जिससे वे जान सकें कि स्वर्ग में एक परमेश्वर है जो उनसे प्रेम रखता और उनके उद्धार की कामना करता है।" (18) सभी सद्गुणों का कितना सुंदर वर्णन है! याद कीजिए, बाद में यीशु ने अपने प्रेरितों को सिखाया: "जो तुम्हारा स्वागत करता है, वह मेरा स्वागत करता है और जो मेरा स्वागत करता है वह उसका स्वागत करता है, जिसने मुझे भेजा है। (मत्ती 10:40) ।

संतो की गवाही:

1. **सेंट जॉन पॉल द्वितीय (1920-2005)** "क्या हम भी मरियम को अपने घर में ले जायेंगे? वास्तव में, हमें उन्हें अपने जीवन के, अपने विश्वास के, अपने स्नेह के, अपनी प्रतिबद्धताओं के घर में पूरी तरह से सम्मिलित करना चाहिए, और उनकी मातृत्व की भूमिका को पहचानना चाहिए जो उनके लिए उचित है, अर्थात्, मार्गदर्शक, सलाहकार, उपदेशक की भूमिका, या केवल मूक उपस्थिति की भी, जो कभी-कभी ताकत और साहस पैदा करने के लिए पर्याप्त हो सकती है। (19)
2. **सेंट मैक्सिमिलियन कोल्बे (1894-1941)** "हे विशुद्ध, स्वर्ग और पृथ्वी की रानी, पापियों की शरण और हमारी सबसे प्यारी माँ,

परमेश्वर ने दया की पूरी व्यवस्था आपको सौंपने की इच्छा की है।" (20)

3. **पोप जॉन पॉल प्रथम (1912-1978)** "माला, एक सरल और आसान प्रार्थना है, जो मुझे एक बच्चा बनने में मदद करती है।" (12)

सदाचार पर प्रकाश: मैरी और सेंट जोसेफ शरण लेने में बहुत धैर्य और धीरज दिखाते हैं। कल्पना कीजिए कि वह उस गधे पर कितनी असहज रही होगी! उन्होंने अपने विनम्र परिवेश के बावजूद आने वाले चरवाहों और तीनों राजाओं का आतिथ्य किया।

सप्ताह की आज्ञा:

मूसा को दी गई पहली आज्ञा शुरू होती है: "**ईश्वर ने मूसा से यह सब कहा,**

"मैं प्रभु तुम्हारा ईश्वर हूँ। मैं तुमको मिस्र देश से गुलामी के घर से निकाल लाया। मेरे सिवा तुम्हारा कोई ईश्वर नहीं होगा।"(निर्गमन. 20:1-3) झूठे देवता क्या हैं? कोई भी व्यक्ति, स्थान या वस्तु जिसे हम अपने लिए परमेश्वर से अधिक महत्वपूर्ण बना लेते हैं। जब हम परमेश्वर की ओर मुड़ने के बजाय अपने पड़ोसी की ओर मुड़ते हैं, तो हम अपने पड़ोसी को झूठा परमेश्वर बनाने का जोखिम उठाते हैं। पहले परमेश्वर के पास जाओ, फिर एक मित्र के पास ताकि तुम देख सको कि परमेश्वर किस प्रकार तुम्हारे मित्र के द्वारा तुम दोनों की सहायता करने के लिए कार्य करता है। सेंट थॉमस एक्विनास हमें शैतान की सेवा द्वारा थोपे गए बड़े बोझ के बारे में चेतावनी देते हैं: "**जो पाप करता है, वह पाप का दास है।"** (योहन 8:34) "इसलिये पाप की आदत से बचना आसान नहीं है।" (13)

प्रायोजक और/या माता-पिता के साथ अपने विश्वास को साझा करना: एडवेंट या लेंट के दौरान, क्या आपने कभी भगवान की प्रार्थना की पेशकश में रूप जिसे आप चाहते हैं ऐसी किसी वस्तु को त्यागा है? यह अभ्यास आदम और हव्वा के बच्चों, कैन और हाबिल के समय से है, क्योंकि वे दोनों अपने हाथों के काम से परमेश्वर को बलिदान चढ़ाते थे।

(उत्पत्ति 4:3-7) क्या आपको ज्ञात हुआ है कि जब आप ऐसा करते हैं, तो परमेश्वर हमेशा उस "रिक्त स्थान" को कुछ बेहतर से भर देता है? अपने प्रायोजक या परिवार के साथ ऐसा ही एक अनुभव साझा करें और चर्चा करें। यीशु और मरियम उदारता में कभी पीछे नहीं हटते!

कार्य: इस अध्याय को एक साथ पढ़ें और अगले सात दिनों में प्रायोजक या परिवार के साथ प्रतिदिन कम से कम दस बार जोर से प्रार्थना करें। आपकी ओर से मरियम को एक अग्रिम और बलिदानपूर्ण उपहार के रूप में अपनी दैनिक माला अर्पित करें - वह इसे प्यार करती है और आपको आशीर्वाद देगी। नीचे दी गई सुबह की भेंट की प्रार्थना करें।

सुबह की भेंट

हे यीशु, मरियम के बेदाग़ हृदय के माध्यम से, मैं आपको आपके पवित्र हृदय के सभी इरादों के लिए, दुनिया भर में जनसमुदाय के पवित्र बलिदान के साथ, मेरे पापों की प्रतिपूर्ति के लिए, मेरे सभी रिश्तेदारों और दोस्तों के इरादों के लिए, और विशेष रूप से पवित्र पिता के इरादों के लिए, इस दिन की प्रार्थनाओं, कार्यों, खुशियों और कष्टों की पेशकश करता/करती हूँ। आमीन। (44)

टिप्पणियाँ:

सप्ताह 4
मंदिर में यीशु की प्रस्तुति

आत्मा का फल: आदेश (10)

पवित्रशास्त्र: जब मूसा की संहिता के अनुसार शुद्धीकरण का दिन आया, तो वे बालक को प्रभु को अर्पित करने के लिए येरूसालेम ले गये; जैसा कि प्रभु की संहिता में लिखा है: हर पहलौठा बेटा प्रभु को अर्पित किया जाये और इसलिए भी कि वे प्रभु की संहिता के अनुसार पण्डुकों का एक जोड़ा या कपोत के दो बच्चे बलिदान में चढ़ायें। उस समय येरूसालेम में सिमेयोन नामक एक धर्मी तथा भक्त पुरुष रहता था। वह इस्राएल की सान्त्वना की प्रतीक्षा में था और पवित्र आत्मा उस पर छाया रहता था। उसे पवित्र आत्मा से यह सूचना मिली थी कि वह प्रभु के मसीह को देखे बिना नहीं मरेगा। वह पवित्र आत्मा की प्रेरणा से मन्दिर आया। माता-पिता शिशु ईसा के लिए संहिता की रीतियाँ पूरी करने जब उसे भीतर लाये, तो सिमेयोन ने ईसा को अपनी गोद में ले लिया और ईश्वर की स्तुति करते हुए कहा, "प्रभु, अब तू अपने वचन के अनुसार अपने दास को शान्ति के साथ विदा कर; क्योंकि मेरी आँखों ने उस मुक्ति को देखा है, जिसे तूने सब राष्ट्रों के लिए प्रस्तुत किया है। यह ग़ैर-यहूदियों के प्रबोधन के लिए ज्योति है और तेरी प्रजा इस्राएल का गौरव।" बालक के विषय में ये बातें सुन कर उसके माता-पिता अचम्भे में पड़ गये। सिमेयोन ने उन्हें आशीर्वाद दिया और उसकी माता मरियम से यह कहा, "देखिए, इस बालक के कारण इस्राएल में बहुतों का पतन और उत्थान होगा। यह एक चिह्न है जिसका विरोध किया जायेगा। इस प्रकार बहुत-से हृदयों के विचार प्रकट होंगे और एक तलवार आपके हृदय को आर-पार बेधेगी। अन्ना नामक एक नबिया थी, जो असेर-वंशी फ़नुएल की बेटी थी। वह बहुत बूढ़ी हो चली थी। वह विवाह के बाद केवल सात बरस अपने पति के साथ रह कर विधवा हो गयी थी और अब चैरासी बरस की थी। वह मन्दिर से बाहर नहीं जाती थी और उपवास तथा प्रार्थना करते हुए दिन-रात ईश्वर की उपासना में लगी रहती थी। वह उसी घड़ी

आ कर प्रभु की स्तुति करने और जो लोग येरूसालेम की मुक्ति की प्रतीक्षा में थे, वह उन सबों को उस बालक के विषय में बताने लगी। (लूकस 2:22-38)

प्रतिबिंब: प्रभु के लिए समर्पित होने का अर्थ है परमेश्वर के पवित्र उद्देश्य के लिए पृथक रखा जाना। जबकि मरियम और जोसेफ प्रत्येक पहले से ही परमेश्वर के लिए अभिषेक कर चुके थे, इससे पहले कि कोई देवदूत उनके पास आए, अब वे यीशु को मंदिर में परमेश्वर के लिए समर्पित करते हैं। जॉन के सुसमाचार में, यीशु हम में से प्रत्येक के लिए स्वयं को समर्पित करता है क्योंकि हम सत्य में समर्पित हो सकते हैं। **"मैं उनके लिये विनती करता हूँ। मैं संसार के लिये नहीं, बल्कि उनके लिये विनती करता हूँ, जिन्हें तूने मुझे सौंपा है; क्योंकि वे तेरे ही हैं।"** (योहन 17:9) हमारे बपतिस्मा और पुष्टिकरण के परिणामस्वरूप, हम पवित्र आत्मा द्वारा सच्चाई में परमेश्वर के लिए समर्पित किए गए हैं। मरियम को इस महान नए दिन के लिए आपको ठीक से तैयार करने की अनुमति दें क्योंकि वह हमारी निजी प्रशिक्षक और सतत सहायक है।

मूसा के कानून का पालन करते हुए, मरियम और जोसेफ शिशु यीशु को शिमोन और अन्ना के "घर": यरूशलेम का मंदिर, में लाते हैं। शिमोन एक नबी है जिसने अपने जीवन में मसीहा की तलाश की और आज उसने अचानक उसे एक नए और आश्चर्यजनक तरीके से पाया: मंदिर में एक शिशु के रूप में! वह भविष्यवाणी करता है कि यीशु ही वह मसीहा है जिसकी इस्राएल प्रतीक्षा कर रहा है और उसके लिए परमेश्वर की स्तुति करता है। वह यह भी भविष्यवाणी करता है कि मरियम उसके पुत्र के कष्टों में भागीदार होगी। कलवारी में कितनी माताएँ ऐसी होंगी जो अपने बच्चों को सूली पर चढ़ते हुए देख सकेंगी? प्रत्येक माँ अपने बच्चों के साथ और उनके लिए अपने मन से कष्ट सहती है, फिर भी इस लौकिक सत्य को इस दिन, परमेश्वर के मंदिर में पहचाना और घोषित किया जाता है। अतीत में, पीड़ा को अनावश्यक और व्यक्तिगत या पारिवारिक पाप के लिए परमेश्वर के क्रोध का संकेत माना जाता था। क्रूस पर अपने बेटे के बलिदान के लिए अपनी पीड़ा को एकजुट करके, मरियम ने परमेश्वर को प्रसन्न करने वाला एक उद्धार और बलिदान का उपहार दिया है; शिमोन ने उद्धार के कार्य में मरियम के सहयोग को पहचाना और घोषणा की कि "इससे बहुत हृदयों के विचार उजागर होंगे।" (7)

अन्ना एक भविष्यवक्ता थी, जिसने अपने बुढापे के हर पल को मंदिर के अपने "घर" में बिताया था, और शिमोन के साथ मिलकर, इस बच्चे के महान भाग्य की पुष्टि करती है । एक छोटे से बच्चे के रूप में परमेश्वर से मिलने पर उसके आश्चर्य की कल्पना कीजिए! एक महिला के रूप में, उसे मंदिर के परम पवित्र खंड के उतने करीब जाने की अनुमति नहीं थी, जितनी पुरुषों को थी। इस दिन, वह सैकड़ों अन्य उपासकों के साथ दूर ठंडे पत्थर के मंदिर में परमेश्वर की पूजा करने से लेकर उसकी मां की गोद में एक छोटे बच्चे के रूप में इतने करीब और व्यक्तिगत रूप से परमेश्वर को प्रसन्न करने के लिए जाती है। वह एक ऐसे परमेश्वर की पूजा कर रही है जिससे उसे डरना सिखाया गया है, एक ऐसे परमेश्वर के साथ खेलना जिससे उसे बिल्कुल भी डर नहीं है; कि बच्चे से कौन डरता है? यह वास्तव में एक प्रतिमान विस्थापन है! वह इस अनुभव से इतनी प्रभावित हुई कि वह हर किसी को जिससे भी वह मिलती है, उसे उस उद्धारकर्ता के आगमन के बारे में बताती है। क्या खूब प्रचारक है!

परमेश्वर भविष्यवक्ताओं, हमारे पुष्टिकरण प्रायोजकों, और हमारे माता-पिता का उपयोग हमें सिखाने और उनके साथ हमारी अनंत योग्यता और नियति के बारे में चेतावनी देने के लिए करता है। शिमोन और अन्ना दोनों ने मरियम का अपने दिल और मंदिर "गृह" में स्वागत किया और इस दिन वे एक अप्रत्याशित तरीके से परमेश्वर से मिले। दोनों को इसका कई साल इंतजार करना पड़ा। आप जितनी ज्यादा देर प्रतीक्षा करते हैं, पूर्ति उतनी ही आनंदमय होती है। दोनों को वही आशीर्वाद प्राप्त हुआ जो संट जोसेफ को प्राप्त हुआ था। अन्ना का व्यवहार उस सामरी महिला की याद दिलाता है जो कुएँ पर हमारे प्रभु को पानी पिलाती है। (योहन 4:4-42) उनका करिश्मा एक सामाजिक वार्तालाप था जो उनके जीवन में परमेश्वर की आशीषों के सुसमाचार को फैलाने पर केन्द्रित था। उन्होंने यीशु को अपने हृदय में ग्रहण किया और जो कुछ उन्होंने प्राप्त किया उसे तुरंत उन सभी के साथ साझा किया जिनसे वे मिले थे। इससे बहुत से लोग रूपांतरित हुए और उन्होंने दूसरों को भी मसीह का अनुसरण करने के लिए प्रेरित किया। ये महिलाएं वास्तव में मरियम का अनुकरण कर रही हैं क्योंकि वह संट एलिजाबेथ के लिए खुशखबरी लेकर आई थी। यह एक विश्वव्यापी ईसाई धर्म प्रचार की परंपरा की शुरुआत है जिसका अरबों ईसाई महिलाओं ने अब तक अभ्यास किया है: वे अपने परिवारों, समुदायों और कलीसियाओं में सुसमाचार की खुशखबरी ला रही हैं।

एक स्वाभाविक प्रवृत्ति जो दादा-दादी अपने पोते-पोतियों की माताओं में देख सकते हैं, वो है दुनिया को अपने नए बच्चे के बारे में बताने और उसे सभी को दिखाने की इच्छा। वे वास्तव में चाहते हैं कि सभी उनके बच्चे को उतना ही प्यार दे जितना वे देते हैं। वे स्वाभाविक प्रचारक हैं! मरियम बालक यीशु के साथ ठीक यही करना चाहती थी। हालाँकि, सेंट जोसेफ को एक देवदूत द्वारा, उन लोगों के बारे में जो उनके बच्चे को मारना चाहते थे, चेतावनी दे दी गई थी, उन्होंने मरियम के उत्साह को विवेक के साथ संतुलित किया होगा, खासकर उस समय जब वे मिस्र में गुप्त रूप से रहते थे। यह निष्कर्ष निकालना उचित होगा कि वह इस बारे में कि यह बच्चा वास्तव में कौन था, बहुत चुप रहता होगा । **सेंट जोसेफ, हमारे परिवारों की रक्षा करें!**

अभिषेक का सिद्धांत: मरियम और जोसेफ द्वारा मंदिर में यीशु की प्रस्तुति का अनुकरण करते हुए अपने आप को और अपने परिवार को पूरी तरह से परमेश्वर के लिए समर्पित करें। शिमोन और अन्ना ने मरियम को ग्रहण किया और इस प्रकार प्रभु और पवित्र आत्मा को प्राप्त किया ।यह स्पष्ट है कि पवित्र आत्मा ने शिमोन को उस बैठक में निर्देशित किया: "वह आत्मा में मंदिर में आया," और अन्ना के साथ भी ऐसा ही हुआ: "और वह उस घड़ी वहाँ आकर परमेश्वर का धन्यवाद करने लगी, और उन सभी से, जो यरूशलेम के छुटकारे की प्रतीक्षा कर रहे थे, उसके विषय में बातें करने लगी।" दोनों प्रभु की प्रतीक्षा कर रहे थे। दोनों को ही मुलाकात का अवसर मिला। दोनों यीशु से मिले और पवित्र आत्मा का अनुभव किया। दोनों ने यह खुशखबरी फैलाई कि उनके लंबे इंतजार का आखिरकार सुखद अंत हो गया है। "किन्तु प्रभु पर भरोसा रखने वालों को नयी स्फूर्ति मिलती रहती है। वे गरुड़ की तरह अपने पंख फैलाते हैं; वे दौड़ते रहते हैं, किन्तु थकते नहीं, वे आगे बढ़ते हैं, पर शिथिल नहीं होते।" (इसायाह 40:31)

संतो की गवाही:

1. **सेंट बर्नाडेट (1844-1879)** “हे मेरी माँ इसे मेरे साथ होने दो! मेरा जीवन पूरा होने दो! मुझे कष्ट होने दो! हे माँ, जब तक मैं तुम्हारे शुद्ध ह्रदय से जुड़ा रहता हूँ, चाहें मुझे मृत्यु भी दे दो! (3)

2. **संट जॉन पॉल द्वितीय (1920-2005)** "जीवन का स्वागत, बचाव और उसे बढ़ावा देने और दुनिया भर के सभी पीड़ित बच्चों के बोझ को उठाने की जिम्मेदारी की इच्छा को महसूस किए बिना, कैसे कोई बेथलहम में पैदा हुए बच्चे के रहस्य, आनंद के रहस्यों पर विचार कर सकता है?" (22)
3. **संट मैक्सिमिलियन कोल्बे (1894-1941)** "मैं इस माला के दौरान होने वाली सभी व्याकुलताओं का त्याग करता हूँ, जिसे मैं विनय, ध्यान और श्रद्धा के साथ पढ़ना चाहता हूँ जैसे कि यह मेरे जीवन का अंतिम समय हो।" (12)

सदाचार पर प्रकाश: 100 मील की दूरी के बावजूद शुद्धिकरण की इस परंपरा का पालन करने के लिए महान विश्वास और आस्था की आवश्यकता होती है। हमें अपने परिवार को परमेश्वर को अर्पित करना चाहिए।

सप्ताह की आज्ञा: दूसरी आज्ञा: "**प्रभु अपने ईश्वर का नाम व्यर्थ मत लो; क्योंकि जो व्यर्थ ही प्रभु का नाम लेता है, प्रभु उसे अवश्य दण्डित करेगा।**" (विधि-विवरण 5:11) "दूसरी आज्ञा परमेश्वर के नाम के दुरुपयोग की मनाही करती है, जैसे कि परमेश्वर, यीशु मसीह, साथ ही कुँवारी मरियम और सभी संतों के नामों का अनुचित उपयोग। (6,#2146) परमेश्वर के नाम को हमेशा विनम्रता, प्रेम और सम्मान के साथ बोलना और लिखा जाना चाहिए।

प्रायोजक और/या माता-पिता के साथ अपने विश्वास को साझा करना: आपने कितनी बार दूसरों को प्रभु के नाम का उच्चारण व्यर्थ करते हुए पाया है? आप कितनी बार व्यर्थ में परमेश्वर के नाम का उच्चारण करते हैं? इस आज्ञा का पालन करने में मदद के लिए संत जोसेफ से पूछें, क्योंकि न्याय के दिन हमारे न्याय के लिए हमें ही जिम्मेदार ठहराया जायेगा।

कार्य: इस अध्याय को एक साथ पढ़ें और अगले सात दिनों में प्रायोजक या परिवार के साथ प्रतिदिन कम से कम दस बार जोर से प्रार्थना करें। आपकी ओर से मरियम को एक अग्रिम और बलिदानपूर्ण उपहार के रूप में अपनी दैनिक माला अर्पित करें - वह इसे प्यार करती है और आपको आशीर्वाद देगी। सुबह की भेंट की प्रार्थना करें:

सुबह की भेंट

हे यीशु, मरियम के बेदाग़ हृदय के माध्यम से, मैं आपको आपके पवित्र हृदय के सभी इरादों के लिए, दुनिया भर में जनसमुदाय के पवित्र बलिदान के साथ, मेरे पापों की प्रतिपूर्ति के लिए, मेरे सभी रिश्तेदारों और दोस्तों के इरादों के लिए, और विशेष रूप से पवित्र पिता के इरादों के लिए, इस दिन की प्रार्थनाओं, कार्यों, खुशियों और कष्टों की पेशकश करता/करती हूँ। आमीन। (44)

टिप्पणियाँ:

सप्ताह 5
मंदिर में यीशु की खोज

आत्मा का फल: ख़ुशी (10)

पवित्रशास्त्र: ईसा के माता-पिता प्रति वर्ष पास्का पर्व के लिए येरूसालेम जाया करते थे। जब बालक बारह बरस का था, तो वे प्रथा के अनुसार पर्व के लिए येरूसालेम गये। पर्व समाप्त हुआ और वे लौट पडे; परन्तु बालक ईसा अपने माता-पिता के अनजानें में येरूसालेम में रह गया। वे यह समझ रहे थे कि वह यात्रीदल के साथ है; इसलिए वे एक दिन की यात्रा पूरी करने के बाद ही उसे अपने कुटुम्बियों और परिचितों के बीच ढूँढ़ते रहे। उन्होंने उसे नहीं पाया और वे उसे ढूँढ़ते-ढूँढ़ते येरूसालेम लौटे। तीन दिनों के बाद उन्होंने ईसा को मन्दिर में शास्त्रियों के बीच बैठे, उनकी बातें सुनते और उन से प्रश्न करते पाया। सभी सुनने वाले उसकी बुद्धि और उसके उत्तरों पर चकित रह जाते थे। उसके माता-पिता उसे देख कर अचम्भे में पड़ गये और उसकी माता ने उस से कहा "बेटा! तुमने हमारे साथ ऐसा क्यों किया? देखो तो, तुम्हारे पिता और मैं दुःखी हो कर तुम को ढूँढते रहे।" उसने अपने माता-पिता से कहा, "मुझे ढूँढ़ने की ज़रूरत क्या थी? क्या आप यह नहीं जानते थे कि मैं निश्चय ही अपने पिता के घर होऊँगा?" परन्तु ईसा का यह कथन उनकी समझ में नहीं आया। ईसा उनके साथ नाज़रेत गये और उनके अधीन रहे। उनकी माता ने इन सब बातों को अपने हृदय में संचित रखा। ईसा की बुद्धि और शरीर का विकास होता गया। वह ईश्वर तथा मनुष्यों के अनुग्रह में बढ़ते गये। (लूकस 2:41-52)

प्रतिबिंब: जब हम यीशु की उपस्थिति को खो देते हैं, तो हमें उसे तब तक खोजना चाहिए जब तक कि हम उसे पा न लें, यह पता लगाने के लिए कि हमने उसे कहाँ खो दिया है, हमें अपने कदमों को फिर से खोजना चाहिए। यीशु हमारे पीछे घर आना चाहता है, मंदिर में नहीं रहना चाहता। **"वह उनके साथ नासरत लौट आया और कद और ज्ञान में बढ़ता रहा"। इमैनुएल, परमेश्वर हमारे साथ है।** पवित्रशास्त्र कहता है: **"जब उसके माता-पिता ने उसे देखा, तो वे चकित हुए।"** क्या आपको लगता है कि उन्होंने उसे आश्चर्यजनक रूप से नए तरीके से देखा था?

यीशु को पवित्र आत्मा से प्रेरणा मिली कि वह तीन दिन तक मन्दिर में रहे और उसने आज्ञा का पालन किया। वह उस उम्र में था जब यहूदी लेखक या याजक के काम के लिए बुलाए जाने पर युवा घर छोड़ दिया करते थे और धार्मिक शिक्षकों के अधीन अध्ययन के लिए मंदिर में रहते थे। यीशु पुरोहित वर्ग में शामिल होने के लिए बहुत गरीब हो सकता है, लेकिन स्पष्ट रूप से वह अपने सवालों और जवाबों की प्रतिक्रिया में शिक्षकों के विस्मय के आधार पर काफी बुद्धिमान था। उनके द्वारा यह देखने के लिए परीक्षण किया गया था कि क्या वह इसके ऊपर है। पुरोहित अगुआ आश्चर्यजनक रूप से नए तरीके से परमेश्वर से मिल रहे थे, लेकिन उन्होंने इसे नहीं देखा, इसलिए वे अपने मुलाक़ात के समय से चूक गए! इसका उन्हें अनंत काल तक पछतावा रहेगा। जागे रहो!

परमेश्वर, पिता की एक अलग योजना थी। यीशु ने घर जाने और मरियम और जोसेफ के साथ अपने घर में रहने का चुनाव किया, मंदिर में नहीं। फिर कभी भी परमेश्वर के चाहने वालों को उन्हें खोजने के लिए पहाड़ पर चढ़ना या काफ़िले में कई दिनों तक यात्रा नहीं करनी पड़ेगी। नहीं, परमेश्वर हमारे साथ है, यहाँ तक कि हमारे घरों और हृदयों में भी, जैसे वह इस्राएलियों और मूसा के साथ तम्बू में रहता था। वह अपने लोगों के बीच, और हमारे दिलों में रहना चाहता है।

परमेश्वर भी चाहते थे कि मरियम यीशु के साथ-साथ जीवन की इस तीर्थ यात्रा पर चले ताकि उन्हें आध्यात्मिक समर्थन मिले और युवा ईसाई समुदाय में उन्हें और उनके शिष्यों को मातृ सहायता प्राप्त हो। इस प्रकार, यीशु ने मरियम से अलग रहने और उसके बिना मन्दिर-स्कूल में आगे बढ़ने के बजाय, उद्धार के इस मिशन को एक साथ पूरा किया। यीशु के बिना ये तीन दिन उनकी भविष्य की मृत्यु और पुनरुत्थान का एक भविष्यसूचक संकेत है। उसकी माँ, उस बेटे को खोने के बाद जिसे वह अच्छी तरह से जानती थी, उसने परमेश्वर को एक अप्रत्याशित तरीके से पुनः खोज लिया। परमेश्वर ने घरेलू चर्च में घर पर रहने के लिए उसके साथ घर वापस आने को चुना। हमें अपने परिवार के भीतर पवित्र परिवार का अनुकरण करना चाहिए।

मरियम के लिए एक नया अध्याय खुलता है, एक नई यात्रा। परमेश्वर अभी भी उसके साथ है और उसके भीतर पवित्र आत्मा के रूप में है। वह जल्द ही जोसेफ को खो देगी और उसे पहले से कहीं अधिक यीशु

की आवश्यकता होगी। संत जोसेफ के लिए, यह आखिरी है जिसे हम सुसमाचारों में सुनेंगे, लेकिन उनका "गुप्त मैरियन आशीर्वाद" हमेशा के लिए रहता है। संत जोसेफ और मरियम को यीशु की पहचान को तब तक गुप्त रखना था जब तक कि वह सेवकाई में प्रवेश करने के लिए सही उम्र का न हो जाए। याद रखें, राजा हेरोदेस ने उसे एक बच्चे के रूप में मारने की कोशिश की थी और उसके बेटे अभी भी सत्ता में थे!

युवा यीशु मैरियन समर्पण का एक प्रमुख सिद्धांत सीख रहा है: मरियम उसके साथ चलना चाहती है और उसकी पूरी जीवन यात्रा का एक अंतरंग हिस्सा बनना चाहती है। हमारे साथ भी ऐसा ही होता है: क्या हमारी माँ कभी हमारी देखभाल करना बंद कर देती है? इसी तरह, हमारी स्वर्गीय माता भी कभी भी हमारी देखभाल करना बंद नहीं करती हैं! "**मैंने इस मन्दिर को इसलिए चुना और पवित्र किया है कि इस में मेरा नाम सदा प्रतिष्ठित रहे।**" (दुसरा इतिहास 7:16)

अभिषेक सिद्धांत: माताएँ हमारी देखभाल करना कभी बंद नहीं करतीं! मरियम और यीशु हमेशा संयुक्त हृदय होते हैं, इसलिए यदि हम अपने हृदय को मरियम के साथ जोड़ते हैं, तो हम अपने आप यीशु के साथ एक हो जाते हैं । एम्मानुएल, परमेश्वर हमारे साथ हैं! (23)

संतो की गवाही:

1. **संत थॉमस एक्विनास (1225-1274)** "धन्य कुँवारी मरियम जितना संभव हो सके मसीह के करीब थी, क्योंकि उससे उसने अपना मानवीय स्वभाव प्राप्त किया था। इसलिए, उसने अन्य सभी की तुलना में उससे अनुग्रह की परिपूर्णता प्राप्त की होगी। (3)
2. **संेंट जॉन पॉल द्वितीय (1920-2005)** "बलिदान से जुड़ी हुई प्रार्थना मानव इतिहास की सबसे शक्तिशाली ताकत है" (5)
3. **सेंट जोसेफ मारिया एस्क्रीवा (1902-1975)** "उस दशक के हमारे पिताओं और जय हो मरियम का पाठ करने से पहले माला के प्रत्येक रहस्य पर विचार करने के लिए मौन ध्यान में कुछ सेकंड, तीन या चार सेकंड के लिए रुकें। मुझे यकीन है कि यह अभ्यास आपकी स्मरण शक्ति और आपकी प्रार्थना के फल को बढ़ाएगा। (12)

सदाचार पर प्रकाश: यीशु के लिए अपने माता-पिता के डर से अधिक प्राथमिकता अपने पिता की आज्ञाकारिता है। विशेषकर उसकी उम्र में, इसके लिए विश्वास और साहस की आवश्यकता थी। जैसे-जैसे यीशु परिपक्व होते हैं, उनके माता-पिता को विनम्रता के साथ सेंट जॉन द बैपटिस्ट के शब्दों की भविष्यवाणी करनी चाहिए: "**वे बढ़ते जायें और मैं घटता जाऊँ।**" (योहन 3:30)

सप्ताह की आज्ञा: तीसरी आज्ञा: "**विश्राम-दिवस के नियम का पालन करो और उसे पवित्र रखो, जैसा कि तुम्हारे प्रभु-ईश्वर ने तुम्हें आदेश दिया है। तुम छः दिन परिश्रम करते हुए अपना सारा काम-काज करो, किन्तु सातवाँ दिन तुम्हारे प्रभु-ईश्वर के सम्मान का विश्राम-दिवस है।**" (विधि-विवरण 5:12-14) सेंट थॉमस एक्विनास हमें रविवार को क्या करना है और किन बातों से बचना चाहिए, इस पर विचार करने के लिए कहते हैं। जो चीजें हम कर सकते हैं वे हैं सामूहिक बलिदान का जश्न मनाना, परमेश्वर के वचन को सुनना और कम भाग्यशाली लोगों के लिए दया के कार्य करना। (13) हमें गुलामी या शारीरिक श्रम से बचना चाहिए, और रविवार को अनावश्यक खरीदारी करके दूसरों को काम में व्यस्त रखने से बचना चाहिए। अनावश्यक का अर्थ है कि यह अगले दिन भी किया जा सकता है। (6, #2187-8)

प्रायोजक और/या माता-पिता के साथ अपने विश्वास को साझा करना: क्या आप प्रत्येक सप्ताहांत जन-सभा में भाग लेते हैं? जब आप स्कूल या काम के लिए घर से निकलते हैं, तो क्या आप विश्वासी बने रहेंगे? यदि आप मरियम से पूछेंगे तो वे आपकी मदद करेंगी।

कार्य: माला शक्तिशाली है क्योंकि यह न केवल एक प्रार्थना है, बल्कि एक बलिदान भी है और पवित्रशास्त्र पर आधारित है—परमेश्वर का वचन। मरियम हमारे साथ प्रार्थना करेंगी। इस अध्याय को एक साथ पढ़ें और अगले सात दिनों में प्रायोजक या परिवार के साथ प्रतिदिन कम से कम दस बार जोर से प्रार्थना करें। सुबह की भेंट की प्रार्थना करें:

PAUL E. CRANLEY (पॉल इ. क्रेनली)

सुबह की भेंट

हे यीशु, मरियम के बेदाग़ हृदय के माध्यम से, मैं आपको आपके पवित्र हृदय के सभी इरादों के लिए, दुनिया भर में जनसमुदाय के पवित्र बलिदान के साथ, मेरे पापों की प्रतिपूर्ति के लिए, मेरे सभी रिश्तेदारों और दोस्तों के इरादों के लिए, और विशेष रूप से पवित्र पिता के इरादों के लिए, इस दिन की प्रार्थनाओं, कार्यों, खुशियों और कष्टों की पेशकश करता/करती हूँ। आमीन। (44)

दूसरी प्रतिज्ञा

मैं,_____ आपसे वादा करता/करती हूँ, माँ मरियम कि मैं अगले 5 हफ्तों में अपने प्रायोजक और/या परिवार के सदस्यों के साथ प्रत्येक पाठ का ईमानदारी से अध्ययन करूँगा/करूँगी और कम से कम दस बार तक आपकी सबसे पवित्र माला की प्रार्थना करूँगा/करुँगी। मैं आपसे कहता/कहती हूँ, माँ, मुझे भी सिखाएं कि मैं भी आपसे ऐसे ही प्यार करूं जैसे आप मुझे करती हैं। मैं आपकी मदद से सीखना चाहता/चाहती हूं कि परमेश्वर और पड़ोसी को उनकी दिव्य इच्छा के अनुसार कैसे प्यार करना है। मैं पिता, पुत्र और पवित्र आत्मा के नाम से यह प्रार्थना करता/करती हूँ। आमीन।

उम्मीदवार द्वारा हस्ताक्षरित और दिनांक: _____
प्रायोजक _____

टिप्पणियाँ:

सप्ताह 6
यीशु का बपतिस्मा

आत्मा का फल: आत्मा से खुलापन (10)

पवित्रशास्त्र: यीशु मसीह के सुसमाचार की शुरुआत [परमेश्वर का पुत्र] जॉन द बैप्टिस्ट का उपदेश. जैसा भविष्यद्वक्ता इसायाह में लिखा है

ईश्वर के पुत्र ईसा मसीह के सुसमाचार का प्रारम्भ।

नबी इसायस के ग्रन्थों में लिखा है- मैं अपने दूत को तुम्हारे आगे भेजता हूँ। वह तुम्हारा मार्ग तैयार करेगा। निर्जन प्रदेश में पुकारने वाले की आवाज़- प्रभु का मार्ग तैयार करो; उसके पथ सीधे कर दो।

इसी के अनुसार योहन बपतिस्ता निर्जन प्रदेश में प्रकट हुआ, जो पापक्षमा के लिए पश्चाताप के बपतिस्मा का उपदेश देता था। सारी यहूदिया और येरूसालेम के लोग योहन के पास आते और अपने पाप स्वीकार करते हुए यर्दन नदी में उस से बपतिस्मा ग्रहण करते थे। योहन ऊँट के रोओं का कपड़ा पहने और कमर में चमड़े का पट्टा बाँधे रहता था। उसका भोजन टिड्डियाँ और वन का मधु था। वह अपने उपदेश में कहा करता था, "जो मेरे बाद आने वाले हैं, वह मुझ से अधिक शक्तिशाली हैं। मैं तो झुक कर उनके जूते का फ़ीता खोलने योग्य भी नहीं हूँ। मैंने तुम लोगों को जल से बपतिस्मा दिया है। वह तुम्हें पवित्र आत्मा से बपतिस्मा देंगे।"

(मारकुस 1:1-8)

यीशु का बपतिस्मा.

उन दिनों ईसा गलीलिया के नाज़रेत से आये। उन्होंने यर्दन नदी में योहन से बपतिस्मा ग्रहण किया। वे पानी से निकल ही रहे थे कि उन्होंने स्वर्ग

को खुलते और आत्मा को कपोत के रूप में अपने ऊपर आते देखा। और स्वर्ग से यह वाणी सुनाई दी, "तू मेरा प्रिय पुत्र है। मैं तुझ पर अत्यन्त प्रसन्न हूँ।" (मारकुस 1:9-11)

जॉन द बैप्टिस्ट की यीशु को गवाही.

दूसरे दिन योहन ने ईसा को अपनी ओर आते देखा और कहा, "देखो-ईश्वर का मेमना, जो संसार का पाप हरता है। यह वहीं हैं, जिनके विषय में मैंने कहा, मेरे बाद एक पुरुष आने वाले हैं। वह मुझ से बढ़ कर हैं, क्योंकि वह मुझ से पहले विद्यमान थे। मैं भी उन्हें नहीं जानता था, परन्तु मैं इसलिए जल से बपतिस्मा देने आया हूँ कि वह इस्राएल पर प्रकट हो जायें।" फिर योहन ने यह साक्ष्य दिया, "मैंने आत्मा को कपोत के रूप में स्वर्ग से उतरते और उन पर ठहरते देखा। मैं भी उन्हें नहीं जानता था; परन्तु जिसने मुझे जल से बपतिस्मा देने भेजा, उसने मुझ से कहा था, 'तुम जिन पर आत्मा को उतरते और ठहरते देखोगे, वही पवित्र आत्मा से बपतिस्मा देते हैं'। मैंने देखा और साक्ष्य दिया कि यह ईश्वर के पुत्र हैं।" दूसरे दिन योहन फिर अपने दो शिष्यों के साथ वहीं था। उसने ईसा को गुज़रते देखा और कहा, "देखो- ईश्वर का मेमना!' दोनों शिष्य उसकी यह बात सुन कर ईसा के पीछे हो लिये। (योहन: 1:29-37)

प्रतिबिंब : प्रतिदिन अपने विवेक की जांच करने के लिए मरियम से मदद मांगें।

पश्चाताप के महत्व और जो लोग पश्चाताप की सेवा करते हैं और उनकी सेवकाई के अविश्वसनीय फल को समझना आवश्यक है। पछताए हुए हृदय परमेश्वर की दया और क्षमा के द्वार खोलते हैं। बपतिस्मा में हम मूल पाप से और सभी व्यक्तिगत पापों से खुद को पवित्र आत्मा के लिए तैयार करने के लिए शुद्ध किए जाते हैं जो हमें नए जीवन के साथ अभिषेक करते हैं। पानी में उतरना हमारे पुराने जीवन के तरीके में हमारी स्वैच्छिक मृत्यु का प्रतीक है; सांस लेने के लिए पानी से बाहर आना आत्मा में जीने के नए तरीके के हमारे चयन का प्रतीक है। जॉन द बैप्टिस्ट दूसरा सबसे बड़ा उदाहरण है जो सेवकाई करता है या यीशु का आत्माओं में आने के लिए "रास्ता तैयार करता है" और इसलिए यीशु जॉन के बारे में बहुत बड़ी बात बोलते हैं।

"मैं तुम से कहता हूँ, मनुष्यों में योहन बपतिस्ता से बड़ा कोई नहीं। फिर भी, ईश्वर के राज्य में जो सब से छोटा है, वह योहन से बड़ा है।" (लूकस 7:28) जॉन ने आत्माओं को घर से दूर और जंगल में उपवास, प्रार्थना, और पश्चाताप करने के लिए बुलाया। उसने उन्हें यरदन नदी के पानी में धोया और फिर उसने यीशु की ओर इशारा करते हुए कहा, "**यह उचित है कि वे बढ़ते जायें और मैं घटता जाऊँ।**"(योहन 3:30) जॉन द बैप्टिस्ट और मरियम दोनों सुलह की इस सेवकाई में हिस्सा लेते हैं और हमें भी इसमें हिस्सा लेना चाहिए। हम याद करते हैं कि जब मरियम एलिजाबेथ से मिलने गई तो जॉन को गर्भ में पवित्र आत्मा से अभिषेक किया गया था। परमेश्वर के राज्य में हम सभी को आत्माओं के लिए "प्रभु का मार्ग तैयार करने" के लिए बुलाया गया है। सुलह की यह सेवकाई इतनी महत्वपूर्ण क्यों है? प्रत्येक आत्मा के उद्धार में क्षमा एक आवश्यक पहला कदम है। विचार कीजिए: यीशु को उन आत्माओं को माफ करने में कितना समय लगता है जो अपने पापों के लिए हृदय से पश्चाताप करते हैं? सेकंड! खैर, एक आत्मा को अपने पापों के लिए ईमानदारी से खेद प्रकट करने में कितना समय लगता है? कभी-कभी जीवन भर, दुर्भाग्य से! यही कारण है कि हमारे प्रभु को सेवकों की आवश्यकता है, जिनमें हम में से हर एक शामिल हैं, जो आत्माओं को ईमानदारी से पश्चाताप करने के लिए बुलाते हैं। हम सभी को आज ही पछताना शुरू कर देना चाहिए और अपने जीवन के अंत की प्रतीक्षा नहीं करनी चाहिए, जितना हम सोचते हैं उससे कहीं अधिक समय समाप्त हो सकता है!

यूहन्ना गवाही देता है कि यीशु परमेश्वर का पुत्र है तो परमेश्वर के निष्पाप पुत्र को बपतिस्मा की आवश्यकता क्यों है? बपतिस्मा के लिए जॉन से पूछकर यीशु हमें उदाहरण दे रहा है। वयस्क बपतिस्मा के लिए पश्चाताप की आवश्यकता परमेश्वर की क्षमा के लिए एक परम आवश्यकता है। यीशु के प्रत्येक प्रेरितों ने जॉन की तुलना में अधिक आत्माओं को बपतिस्मा दिया, जो उनकी सेवकाई के लिए शहीद हुए थे। हम सभी को बपतिस्मा की आवश्यकता है और हमें हर दिन अपने बपतिस्मा से संबंधी वादों को जीने के लिए निरंतर विवेक की परीक्षा की आवश्यकता है। लोयोला के सेंट इग्नाटियस ने अपने भाइयों को हर दिन अपनी आत्म-परीक्षा करने की शिक्षा देकर दैनिक पश्चाताप की इस आवश्यकता पर जोर दिया, चाहे वे कितने भी व्यस्त क्यों न हों।

यह एक बिस्तर पर सोने जाने से पहले अंतरात्मा की आवाज का का एक आसान टेस्ट है। हम इसे **बार (BAR) को जगाना** कहते हैं।

1. पहले **बी(B)** का अर्थ है आशीर्वाद (BLESSINGS): मरियम और पवित्र आत्मा के साथ अपने दिन की समीक्षा करें और हर आशीर्वाद और हर क्रॉस के लिए परमेश्वर का धन्यवाद करें।
2. दूसरे, **अ(A)** का अर्थ है माँगना (ASK): दोषों को पहचानने के लिए मरियम की मदद मांगे और यीशु से क्षमा मांगे।
3. तीसरा, **आर(R)** का अर्थ है संकल्प (RESOLVE): कल को बेहतर करने के लिए संकल्प करें, एक **अच्छा पश्चाताप** कहें और हर महीने संस्कारिक दोष-स्वीकृति के लिए जाएं।

हर दिन पाँच मिनट बिताएं और मरियम से इस परीक्षा को अच्छी तरह से और ईमानदारी से करने में आपकी मदद करने के लिए कहें। यह आदत हमें विनम्र, शुद्ध और ईश्वरीय दया में पूरी तरह से डुबोए रखती है। मरियम इसे प्यार करती है!

अभिषेक का सिद्धांत: प्रतिदिन सोने से पहले विवेक की ईमानदारी से जाँच करें। मरियम से उनके बेटे के लिए एक चौंकाने वाले नए तरीके से आपके हृदय में प्रवेश करने के लिए रास्ता तैयार करने में मदद करने के लिए कहें।

संतो की गवाही:

1. **सेंट पीटर (पहली शताब्दी)** "पश्चाताप करें और आप लोगों में प्रत्येक अपने-अपने पापों की क्षमा के लिए यीशु मसीह के नाम पर बपतिस्मा ग्रहण करे; और इस प्रकार आप पवित्र आत्मा का वरदान प्राप्त करेंगे।" (प्रेरित-चरित 2:38)
2. **संत बोनावेंचर (1221-1274)** "हम मरियम के माध्यम से यीशु के पास जाते हैं, और यीशु के माध्यम से हम पवित्र आत्मा का अनुग्रह पाते हैं।" (3)
3. **धन्य एलन डे ला रोचे (1428-1475)** मरियम कहती हैं, "उन सभी के लिए जो मेरी माला का भक्तिपूर्वक पाठ करते हैं, मैं अपनी विशेष सुरक्षा और बहुत बड़ी कृपा का वादा करती हूँ" (मरियम द्वारा धन्य एलन को दी गई 15 माला प्रतिज्ञाओं में से प्रथम, परिशिष्ट देखें)

सदाचार पर प्रकाश: जॉन अपनी रेगिस्तानी जीवन शैली में बड़ी सादगी और गरीबी दिखाता है। यह उसे परमेश्वर द्वारा दिए गये महान विश्वास को रखने में सक्षम बनाता है क्योंकि परमेश्वर हमेशा विश्वास प्रदान करता है।

सप्ताह की आज्ञा: चौथी आज्ञा: **"अपने माता-पिता का आदर करो, जैसा कि प्रभु, तुम्हारे ईश्वर ने तुम को आदेश दिया है। तब तुम बहुत दिनों तक उस भूमि पर जीते रहोगे, जिसे वह तुम्हें प्रदान करेगा।"** (विधि-विवरण. 5:16) यह उन कुछ आज्ञाओं में से एक है जो आशीषों के वादे से जुड़ी हैं! हमारे माता-पिता का सम्मान करने का अर्थ है जब हम छोटे होते हैं तो उनके अधिकार का सम्मान करना, उनकी उम्र बढ़ने पर उनका समर्थन करना, और यहां तक कि उनकी उम्र होने पर उनका सहायक बनना। जब हम अपने माता-पिता का सम्मान करते हैं, तो हम अपने परमेश्वर का सम्मान करते हैं जिन्होंने उन्हें हमें दिया। सेंट थॉमस एक्विनास लिखते हैं, "...चूंकि हमारे बचपन में माता-पिता ने हमारी जरूरतों को पूरा किया, इसलिए हमें उनके बुढ़ापे में उनका समर्थन करना चाहिए: 'बेटा, अपने पिता की वृद्धावस्था का समर्थन करो, और उनके जीवन में उन्हें दुःखी मत करो। और यदि वह समझ न पाए, तो उस पर धीरज धरना..." (13) यदि तुम्हारे माता-पिता में से एक या दोनों की मृत्यु हो गई है, तो क्या तुम अब भी अपने जीवन में उनके नाम का सम्मान कर रहे हो?

अपने विश्वास को आयोजकों और/या माता-पिता के साथ साझा करना: क्या आप अंतरात्मा की दैनिक परीक्षा और बार-बार स्वीकारोक्ति के संस्कार के प्रति वफादार हैं?जॉन द बैप्टिस्ट यीशु का चचेरा भाई था, फिर भी पवित्रशास्त्र में वह दो बार घोषणा करता है, "मैं उसे नहीं जानता था!" शायद इसलिए कि जब यीशु ने बपतिस्मा लिया, तो वह एक अद्भुत नए तरीके से, रूपांतरित रूप में पानी से बाहर आया!

कार्य: इस अध्याय को एक साथ पढ़ें और अगले सात दिनों में प्रायोजक या परिवार के साथ प्रतिदिन कम से कम दस बार जोर से प्रार्थना करें। हर सुबह दैनिक अभिषेक प्रार्थना दोहराएं। अपने बपतिस्मा संबंधी वादों (परिचय) की समीक्षा करें, जिसे आप अपनी पुष्टिकरण के दिन दोहराएंगे।

पांच चमकदार रहस्यों के लिए अभिषेक की दैनिक प्रार्थना

मेरी रानी, मेरी माँ, मैं अपने आप को पूर्णत: आपको देता हूँ;
और आपको अपनी भक्ति दिखाने के लिए मैं आज
मेरी आँखें,
और मेरे कान, मेरा मुंह, मेरा ह्रदय, मेरा पूरा अस्तित्व
बिना किसी संशय के आपको समर्पित करता हूँ।
चूँकि मैं तुम्हारा हूँ, मेरी अच्छी माँ,
मुझे अपनी संपत्ति और धरोहर के रूप में रखो, मेरी रक्षा करो,।
आमीन (24)

टिप्पणियाँ:

सप्ताह 7
काना में विवाह भोज

आत्मा का फल: मरियम के माध्यम से यीशु को (10)

पवित्रशास्त्र: तीसरे दिन गलीलिया के काना में एक विवाह था। ईसा की माता वहीं थी। ईसा और उनके शिष्य भी विवाह में निमन्त्रित थे। अंगूरी समाप्त हो जाने पर ईसा की माता ने उन से कहा, "उन लोगो के पास अंगूरी नहीं रह गयी है"। ईसा ने उत्तर दिया, "भद्रे! इस से मुझ को और आप को क्या, अभी तक मेरा समय नहीं आया है।" उनकी माता ने सेवकों से कहा, "वे तुम लोगों से जो कुछ कहें वही करना"। वहाँ यहूदियों के शुद्धीकरण के लिए पत्थर के छः मटके रखे थे। उन में दो-दो तीन तीन मन समाता था। ईसा ने सेवकों से कहा, "मटकों में पानी भर दो"। सेवकों ने उन्हें लबालब भर दिया। फिर ईसा ने उन से कहा, "अब निकाल कर भोज के प्रबन्धक के पास ले जाओ"। उन्होंने ऐसा ही किया। प्रबन्धक ने वह पानी चखा, जो अंगूरी बन गया था। उसे मालूम नहीं था कि यह अंगूरी कहाँ से आयी है। जिन सेवकों ने पानी निकाला था, वे जानते थे। इसलिए प्रबन्धक ने दुल्हे को बुला कर कहा, "सब कोई पहले बढ़िया अंगूरी परोसते हैं, और लोगों के नशे में आ जाने पर घटिया। आपने बढ़िया अंगूरी अब तक रख छोड़ी है।" ईसा ने अपना यह पहला चमत्कार गलीलिया के काना में दिखाया। उन्होंने अपनी महिमा प्रकट की और उनके शिष्यों ने उन में विश्वास किया। (योहन 2:1-11)

प्रतिबिंब: प्रेम के कार्यों में सक्रिय रहें और ईश्वर आपका साथ देंगे। जब उदारता की बात आती है तो परमेश्वर कभी पीछे नहीं हटते, खासकर जब वह विवाह की पुष्टि करते हैं। याद रखें कि प्रस्तावना में हमने चर्चा की थी कि कैसे विवाह और परिवार दो महान आज्ञाओं को सीखने की कुंजी है, जो बदले में, उद्धार के लिए आवश्यक हैं।

यह यीशु का पहला सार्वजनिक चमत्कार है; इस कारण से, हमें इसमें पाए जाने वाले आध्यात्मिक रहस्यों को जानने के लिए इस शास्त्र का ध्यानपूर्वक अध्ययन करना चाहिए। जब हम अपने पड़ोसी को ज़रूरतमंद देखते हैं, तो हम उनकी मदद कैसे करते हैं? सबसे पहले, आइए हम

मरियम की तरह परमेश्वर से मदद माँगें। इसलिए, हमें उस पर भरोसा करना चाहिए कि वह हमें बताए कि उसके समय पर प्रतिक्रिया कैसे दें, अक्सर इसके लिए प्रतीक्षा की आवश्यकता होती है। जब हम इस कहानी के प्रमुख पात्रों का अध्ययन करते हैं, तो हम देखते हैं कि वे सभी प्रभु की प्रतीक्षा कर रहे हैं! मरियम अपने पुत्र, प्रभु के कार्य करने की प्रतीक्षा कर रही है। कार्य करने के लिए उस पर विश्वास करें और वह इंतजार करने वालो को भी उस पर विश्वास करने के लिए कह रहा है: "जो कुछ वह तुम से कहे, वही करना।" बदले में सेवक मरियम के निर्देशों का पालन करते हुए प्रभु की प्रतीक्षा करते हैं। इसके अलावा, यीशु स्वयं अपने पिता की प्रतीक्षा करता है क्योंकि वह पवित्रशास्त्र में हमें बताता है: **"मैं तुम लोगों से यह कहता हूँ - पुत्र स्वयं अपने से कुछ नहीं कर सकता। वह केवल वही कर सकता है, जो पिता को करते देखता है। जो कुछ पिता करता है, वह पुत्र भी करता है**।" (योहन 5:19) चमत्कारों के लिए प्रभु पर प्रतीक्षा करना इतना महत्वपूर्ण क्यों है? क्योंकि प्रतीक्षा करना भरोसा है और यह हमारे जीवन में परमेश्वर के चमत्कारों को देखने के लिए सबसे आवश्यक गुण है। यीशु ने सेंट मारिया फॉस्टिना से कई बार प्रार्थना करने के लिए कहा, "यीशु, आप पर मेरा भरोसा है।"

कुछ समय प्रतीक्षा करने के बाद (विवाह भोज एक सप्ताह तक चल सकते हैं), पिता और यीशु ने कार्य किया, और हम बाकी की कहानी जानते हैं - शाब्दिक रूप से दाखरस के गैलन! शादी के जोड़े ने मरियम को अपने घर और हृदय में आमंत्रित किया, और उन्होंने भगवान को एक आश्चर्यजनक नए तरीके से देखा, जैसा कि सेंट जोसेफ ने किया था। इस घटना में, हम यीशु और मरियम के **संयुक्त हृदय** की शक्ति को भी देख सकते हैं; उनके हृदय जुड़े हुए हैं। जब आपको भरोसे के गुण में बढ़ने के लिए सहायता की आवश्यकता हो, तो मरियम और यीशु से सहायता माँगें, और आप अपने हृदय को उनके हृदयों से जोड़ देंगे - उन हृदयों में बहुत अधिक आध्यात्मिक शक्ति है। (23)

यह महत्वपूर्ण है कि इस पहले चमत्कार में वेटर या नौकर शामिल थे। जब मरियम महादूत गेब्रियल को घोषणा पर प्रतिक्रिया देती है, तो वह एक दासी की भाषा का उपयोग करती है: "मैं प्रभु की दासी हूं।" एक दासी को मास्टर के हाथों को देखने (प्रतीक्षा करने) के लिए प्रशिक्षित किया जाता है और केवल तभी जवाब दिया जाता है जब मास्टर आवश्यकता

का संकेत देता है। यीशु को इसके बारे में पता चलने से पहले मरियम को इसकी आवश्यकता क्यों दिखती है? यह हो सकता है कि परमेश्वर पिता इस आनंदपूर्ण विवाह समारोह को दोहरे उत्सव में बदलना चाहता है, युगल और यीशु दोनों के लिए एक भोज के रूप में वह अपने सभी शिष्यों के साथ अपनी सार्वजनिक सेवकाई शुरू करता है। अभी जैसा कि माता और पिता हैं जो अपने बेटे को शादी में अपनी दुल्हन को दे देते हैं, माँ मरियम और पिता परमेश्वर यहाँ वही काम कर रहे हैं; मसीह की दुल्हन को उसे सौंपना, कलीसिया को दे देना। तो, यह भी यीशु के लिए एक उत्सव है, और, शायद वह माँ और पिताजी से हैरान था! हम इस कार्यक्रम में पिता को माता मरियम को सेवकाई और अपने कलीसिया के लिए अपने बेटे के बलिदान के लिए हाँ कहने का एक और मौका देते हुए देख सकते हैं। यह वह दिन है जब वह उसे उसकी बुलाहट के लिए देती है, वह जानती है कि वह इसको क्रूस तक ले जाएगा।

अभिषेक का सिद्धांत: जब हम अपनी आवश्यकताओं को मरियम के पास लाते हैं, तो वह हमेशा उन्हें यीशु के पास लाती हैं क्योंकि उनके हृदय एक हैं। संतों ने इस सिद्धांत को मरियम के माध्यम से यीशु की ओर आना कहा है। हम हर सुबह अपनी सुबह की भेंट में उनसे प्रार्थना करते हैं। मरियम के द्वारा स्वयं को यीशु के प्रति समर्पित करने की आध्यात्मिक शक्ति सीधे यीशु और मरियम के संयुक्त हृदय से प्रवाहित होती है। उनके संयुक्त हृदय की पूर्णता और शक्ति कई स्रोतों से झरती है: सबसे पहले, एक माँ और बच्चे के बीच प्यार की प्राकृतिक पूर्णता से जिसे उसने नौ महीने तक अपने दिल के करीब रखा और 30 साल तक पाला। दूसरे, यह मरियम के बेदाग हृदय, जो कि पाप रहित है, और यीशु के पवित्र हृदय, जो स्वयं परमेश्वर है, के बीच प्रेम की पूर्णता से उत्पन्न होता है! अंत में, यह यीशु के वचनों से भी निकलता है जिन्होंने वादा किया था, "क्योंकि जहाँ दो या तीन मेरे नाम इकट्ठे होते हैं, वहाँ मैं उनके बीच उपस्थित रहता हूँ।" (मत्ती 18:20) इसलिए जब आप अपने हृदय को मरियम के हृदय से जोड़ते हैं, तो यीशु भी जुड़ते हैं। एम्मानुएल, परमेश्वर उसके साथ है और उसके भीतर है।

संतो की गवाही:

1. **सेंट बर्नार्डिनो (1380-1444)** "इस संसार में मरियम का एकमात्र उद्देश्य अपनी आँखों को लगातार परमेश्वर पर केन्द्रित रखना था

ताकि उसकी इच्छा को खोज सके। फिर जब उसे पता चला कि परमेश्वर क्या चाहता है, तो उसने वही किया।" (3)

2. **संट लुइस ग्रिग्नियन डी मोंटफोर्ट (1673-1716)** "हमें मरियम के माध्यम से, मरियम के साथ और मरियम में अपने सभी कार्यों को पूरा करना चाहिए। इस प्रकार हम भी यीशु के माध्यम से, यीशु के साथ और यीशु में उन सब को पूरा करेंगे।" (3)
3. **कलकत्ता की संट मदर टेरेसा (1910-1997)** "हम प्रेम और भक्ति के साथ रोज़री की प्रार्थना करके और दूसरों के प्रति अपनी विनम्रता, दया और विचारशीलता को विकीर्ण करके मरियम का सम्मान करते हैं।" (12)

सदाचार पर प्रकाश: मरियम, सेवक और यीशु सभी आवश्यकता के इस समय में परमेश्वर की इच्छा पर प्रतीक्षा करने के लिए आवश्यक धैर्य का प्रदर्शन करते हैं। परमेश्वर हमेशा हमें उसकी प्रतीक्षा करवाता है, जो हमारे विश्वास और भरोसे को मजबूत करता है। अगर उसने हमें वह सब कुछ दिया जो हमने तुरंत मांगा था, तो हम गर्व से भर जाएंगे और अपना उद्धार खो देंगे। वह हमें उस व्यवहार की अनुमति देने के लिए बहुत अधिक प्यार करता है, इसलिए वह हमेशा हमें प्रतीक्षा और विश्वास दिलाता है। इसके अलावा, परमेश्वर आश्चर्य से प्यार करता है!!!

सप्ताह की आज्ञा: पाँचवीं आज्ञा। "**हत्या मत करो।**" (निर्गमन. 20:13) परमेश्वर मनुष्य को जीवन देता है और कोई इसे ले नहीं सकता। यह आज्ञा आत्महत्या, गर्भपात और इच्छामृत्यु पर भी रोक लगाती है। हमारी धर्मशिक्षा हमें सिखाती है "...कोई भी किसी भी परिस्थिति में किसी भी निर्दोष इंसान को नष्ट करने के लिए सीधे तौर पर अपने अधिकार का दावा नहीं कर सकता है।" (6, #2258) हमारे परमेश्वर भी क्रोध के खिलाफ बोलते हैं, जो अक्सर हत्या से जुड़ा होता है। **"तुम लोगों ने सुना है कि पूर्वजों से कहा गया है- हत्या मत करो। यदि कोई हत्या करे, तो वह कचहरी में दण्ड के योग्य ठहराया जायेगा। परन्तु मैं तुम से यह कहता हूँ - जो अपने भाई पर क्रोध करता है, वह कचहरी में दण्ड के योग्य ठहराया जायेगा..."जब तुम वेदी पर अपनी भेंट चढ़ा रहे हो और तुम्हें वहाँ याद आये कि मेरे भाई को मुझ से कोई शिकायत है, तो अपनी भेंट वहीं वेदी के सामने छोड़ कर पहले अपने भाई से मेल करने जाओ और तब आ कर अपनी भेंट चढ़ाओ।**" (मत्ती 5:21-24)

अपने विश्वास को आयोजकों और/या माता-पिता के साथ साझा करना: अदभुत उपहार या अदभुत पार्टी प्राप्त करने के आश्चर्य को साझा करें। काना में इस विवाह में परमेश्वर विवाह की बुलाहट और एकल समर्पित धार्मिक जीवन की पुकार दोनों की पुष्टि कैसे करता है?

कार्य: इस अध्याय को एक साथ पढ़ें और अगले सात दिनों में प्रायोजक या परिवार के साथ प्रतिदिन कम से कम दस बार जोर से प्रार्थना करें। आपकी ओर से मरियम को एक सक्रिय और बलिदानपूर्ण उपहार के रूप में अपनी दैनिक माला(रोजरी) अर्पित करें - वह इसे प्यार करती है और आपको आशीर्वाद देगी। हर सुबह दैनिक अभिषेक प्रार्थना दोहराएं:

पांच चमकदार रहस्यों के लिए अभिषेक की दैनिक प्रार्थना
मेरी रानी, मेरी माँ, मैं अपने आप को पूर्णत: आपको देता हूँ;
और आपको अपनी भक्ति दिखाने के लिए मैं आज
मेरी आँखें,
और मेरे कान, मेरा मुंह, मेरा हृदय, मेरा पूरा अस्तित्व
बिना किसी संशय के आपको समर्पित करता हूँ।
चूँकि मैं तुम्हारा हूँ, मेरी अच्छी माँ,
मुझे अपनी संपत्ति और धरोहर के रूप में रखो, मेरी रक्षा करो,।
आमीन (24)

सप्ताह 8
राज्य की घोषणा

आत्मा का फल: पश्चाताप और परमेश्वर में विश्वास

पवित्रशास्त्र: उस समय से ईसा उपदेश देने और यह कहने लगे, "पश्चात्ताप करो। स्वर्ग का राज्य निकट आ गया है।" (मत्ती 4:17)

न्याय का दिन:

"जब मानव पुत्र सब स्वर्गदुतों के साथ अपनी महिमा-सहित आयेगा, तो वह अपने महिमामय सिंहासन पर विराजमान होगा और सभी राष्ट्र उसके सम्मुख एकत्र किये जायेंगे। जिस तरह चरवाहा भेड़ों को बकरियों से अलग करता है, उसी तरह वह लोगों को एक दूसरे से अलग कर देगा। वह भेड़ों को अपने दायें और बकरियों को अपने बायें खड़ा कर देखा। "तब राजा अपने दायें के लोगों से कहेंगे, 'मेरे पिता के कृपापात्रों! आओ और उस राज्य के अधिकारी बनो, जो संसार के प्रारम्भ से तुम लोगों के लिए तैयार किया गया है; क्योंकि मैं भूखा था और तुमने मुझे खिलाया; मैं प्यासा था तुमने मुझे पिलाया; मैं परदेशी था और तुमने मुझको अपने यहाँ ठहराया; मैं नंगा था तुमने मुझे पहनाया; मैं बीमार था और तुम मुझ से भेंट करने आये; मैं बन्दी था और तुम मुझ से मिलने आये।'

इस पर धर्मी उन से कहेंगे, 'प्रभु! हमने कब आप को भूखा देखा और खिलाया? कब प्यासा देखा और पिलाया? हमने कब आपको परदेशी देखा और अपने यहाँ ठहराया? कब नंगा देखा और पहनाया ? कब आप को बीमार या बन्दी देखा और आप से मिलने आये?" राजा उन्हें यह उत्तर देंगे, 'मैं तुम लोगों से यह कहता हूँ - तुमने मेरे भाइयों में से किसी एक के लिए, चाहे वह कितना ही छोटा क्यों न हो, जो कुछ किया, वह तुमने मेरे लिए ही किया'। "तब वे अपने बायें के लोगों से कहेंगे, 'शापितों! मुझ से दूर हट जाओ। उस अनन्त आग में जाओ, जो शैतान और उसके दूतों के लिए तैयार की गई है; क्योंकि मैं भूखा था और तुम लोगों ने मुझे नहीं खिलाया; मैं प्यासा था और तुमने मुझे

नहीं पिलाया; मैं परदेशी था और तुमने मुझे अपने यहाँ नहीं ठहराया; मैं नंगा था और तुमने मुझे नहीं पहनाया; मैं बीमार और बन्दी था और तुम मुझ से नहीं मिलने आये'। इस पर वे भी उन से पूछेंगे, 'प्रभु! हमने कब आप को भूखा, प्यासा, परदेशी, नंगा, बीमार या बन्दी देखा और आपकी सेवा नहीं की?" तब राजा उन्हें उत्तर देंगे, 'मैं तुम लोगों से यह कहता हूँ - जो कुछ तुमने मेरे छोटे-से-छोटे भाइयों में से किसी एक के लिए नहीं किया, वह तुमने मेरे लिए भी नहीं किया'। और ये अनन्त दण्ड भोगने जायेंगे, परन्तु धर्मी अनन्त जीवन में प्रवेश करेंगे।" (मत्ती 25:31-46)

प्रतिबिंब: राज्य की तलाश करें और फिर घोषणा करें कि परमेश्वर का राज्य हमारे बीच है, क्योंकि राजा और रानी हमारे बीच में हैं, दिल में एकजुट हैं।

राज्य क्या है? यह जीवन से भरा एक दीवारों वाला शहर है जहां आत्माएं सभी चीजों से ऊपर परमेश्वर से प्यार कर सकती हैं और खुद के रूप में पड़ोसी हो सकती हैं और सभी तरफ से अपने दुश्मनों से सुरक्षित रह सकती हैं। इसमें एक राजा और रानी हैं, जो दिल से एकजुट हैं, जो दया और न्याय के साथ शासन करते हैं। यह शाश्वत शांति का आश्रय स्थल है जो कभी समाप्त नहीं होता। पृथ्वी पर परमेश्वर का यह राज्य उस कमरे का पूर्वाभास है जिसे यीशु ने स्वर्ग में हम में से प्रत्येक के लिए बनाने की प्रतिज्ञा की थी। (पहला इतिहास 17:10, योहन 14:2)

इससे पहले कि हम इसकी घोषणा कर सकें, हमें पहले अपने बीच में "राज्य को देखना" चाहिए। राज्य को देखने के लिए व्यक्ति को उसकी "खोज" करनी चाहिए; हर वर्तमान क्षण में इसकी तलाश करें। इसे देखने की अपेक्षा करें; विश्वास के साथ देखें और आप अपने जीवन में कई स्वर्गीय "संयोग" और छोटे-छोटे चमत्कार होते देखना शुरू कर देंगे। जब आप उन्हें देखें, तो दूसरों को बताएं; दूसरों को अपने स्वयं के जीवन में राज्य की खोज करने के लिए प्रोत्साहित करके परमेश्वर की महिमा करें। परमेश्वर की निरंतर स्तुति करें।

यीशु ने कुछ शब्दों में राज्य की घोषणा करने के तरीके की रूपरेखा दी: "**पश्चाताप करो और सुसमाचार में विश्वास करो।"** (मारकुस 1:15) हमें पहले यह विश्वास करना होगा कि यह राज्य वास्तविक है, फिर, जैसा कि

हम इसके द्वार के भीतर जीवन का अनुभव करते हैं, खुशी से दुनिया को इसके बारे में बताएं। जब हम अपने आप को मरियम को समर्पित करते हैं, तो हम अपने हृदयों को उसके साथ जोड़ते हैं। यह हमारे दिलों को उसके साथ जोड़ता है जैसे "दो दिल" एकजुट होते हैं। यह हमें सिखाता है कि कैसे पश्चाताप करना है और कैसे अपनी विश्वास यात्रा में आगे बढ़ना है ताकि हम अपने बीच परमेश्वर के राज्य का अनुभव कर सकें।

हम राज्य की घोषणा कैसे करते हैं? यीशु ने अपने चेलों को दो दो करके भेजा; दूसरों के साथ मिलकर राज्य की घोषणा करना इसे अकेले करने की तुलना में बहुत आसान बनाता है। उन महिलाओं को याद करें जिनके बारे में हमने पहले बात की थी: अन्ना, मंदिर में भविष्यवक्ता, और सामरी महिला जिसने यीशु को कुएँ पर पानी पिलाया था। पवित्रशास्त्र हमें बताता है कि उन दोनों ने यीशु के बारे में हर किसी से बात की जो यीशु की बात सुनना चाहता था। यह वही है जो मरियम मगदलीनी ने कब्र पर पुनर्जीवित प्रभु यीशु से मिलने के बाद किया था, और यह वही है जो इम्माऊस की ओर चलने वाले दो लोगों ने रोटी तोड़ने के समय पुनर्जीवित प्रभु यीशु से मिलने के बाद किया था। इस प्रकार हम स्वर्ग के राज्य की घोषणा करते हैं: पहले हम इसका अनुभव करते हैं, फिर हम इसे आनंद के साथ घोषित करते हैं। परमेश्वर की निरंतर स्तुति करें।

ऊपर पवित्रशास्त्र में न्याय का दिन में (मत्ती 25:31-46) में, यीशु अपनी माँ और सभी माताओं और दादियों को उनके बच्चों के प्रति दया के कभी न खत्म होने वाले कार्यों के लिए सम्मान दे रहा है। कौन, दैनिक आधार पर, ये काम करता है? भूखे-प्यासे को खाना-पीना कौन देता है? कौन अजनबी का स्वागत करता है?, विशेषकर नवजात शिशु का जो अचानक अजनबियों की एक नई दुनिया में धकेल दिया जाता है? कौन नंगों को कपड़े पहनाता है, बीमारों की सेवा करता है और क़ैदियों से मिलने जाता है? माताएं करती हैं! यदि आप कभी जेल गए हैं, तो आप देखेंगे कि प्रतीक्षा कक्ष में कितनी माताएँ, दादी, पत्नियाँ और छोटे बच्चे भरे हुए हैं, जो अपने पुत्रों, पौत्रों, पतियों या पिताओं से मिलने की प्रतीक्षा कर रहे हैं। यीशु कह रहे हैं कि जो स्त्रियाँ ऐसा करती हैं या दया के इन कार्यों को करने के लिए माताओं को सहायता प्रदान करती हैं, उनका स्वर्ग में स्वागत किया जाएगा। यह सभी के लिए, खासकर अस्पतालों, नर्सिंग होम, स्कूलों, चर्चों और संयुक्त-परिवार वाले घरों में देखभाल करने वालों के लिए भी एक श्रद्धांजलि है।

क्या आप ध्यान देते हैं कि कैसे यीशु इस शास्त्र में सभी लोगों से उस विशिष्ट भाषा में बात कर रहा है जो माताएँ प्रतिदिन करती हैं? वह अंतिम न्याय और सभी के उद्धार के बारे में बात कर रहा है, फिर भी वह उस बात की ओर इशारा कर रहा है जो माताएं दिन-रात करती हैं। यह फिर से सभी आत्माओं को आज्ञाओं का पालन करने और अनंत जीवन में प्रवेश करने की शिक्षा देने के लिए माताओं का उपयोग करने की परमेश्वर की योजना को दिखाता है। यही कारण है कि हम दो महान आज्ञाओं को देखते हैं, जो सभी कानूनों और भविष्यवक्ताओं को सारांशित करती हैं, माताओं के दिल में लिखी जाती हैं और विशेष रूप से, हमारी धन्य मां के बेदाग़ हृदय में। यही कारण है कि शैतान मातृत्व और बच्चों को अपनी पूरी ताकत से निशाना बनाता है। (प्रकाशना. 12:4)

अभिषेक का सिद्धांत : मरियम का हृदय "पापियों के लिए शरण" है। स्वर्ग के राज्य के रास्ते में, हम एक प्रवेश द्वार से गुजरते हैं, एक बरामदा, जिसे संत मरियम का दिल, दया की शरण कहते हैं। पुराने नियम में "शरण" एक ऐसा शहर था जहां गंभीर अपराध करने वाले लोग, जैसे कि हत्या, भाग सकते थे और अपने अपराध के बदले कानूनी रूप से मारे जाने से सुरक्षित हो सकते थे, ऐसे लोग रहते थे। मरियम का दिल पापियों की शरणस्थली है। यह वही है जो आदतन नश्वर पाप में पड़े हुए लोगों को यह सीखने में शांति और सहायता मिल सकती है कि कैसे उस बंधन से मुक्त होना है जो पाप हमेशा उनके लिए लाता है। यह एक ऐसी प्रक्रिया है जिसमें बहुत समय और प्रयास, उपवास, प्रार्थना और विशेष रूप से माला जपने और बार-बार स्वीकारोक्ति की आवश्यकता होती है। जब कोई आत्मा माता मरियम की ओर मुड़ती है, तो उसका एक सुरक्षित स्थान में स्वागत किया जाता है: एक घर और दया के हृदय में। वह हम पर अपने प्यार और दया का हृदय उंडेलती है और बदले में हमें उससे प्यार करना सिखाती है, जैसे हर माँ अपने बच्चों से करती है। यह आदान-प्रदान हमारे हृदयों में यीशु के प्रेम और दया का प्रवाह पैदा करता है। " क्योंकि जहाँ दो या तीन मेरे नाम इकट्ठे होते हैं, वहाँ में उनके बीच उपस्थित रहता हूँ।" (मत्ती 18:20) मरियम समस्त मानवता के लिए एक आध्यात्मिक आश्रय हैं।

"मरियम, पापियों के लिए शरण, हमारे लिए प्रार्थना करो।" (लिटनी ऑफ़ लोरेटो, 1587)

PAUL E. CRANLEY (पॉल इ. क्रेनली)

संतो की गवाही:

1. **सेंट ऑगस्टाइन (354-430)** "मरियम के माध्यम से दुःखी दया को प्राप्त करते हैं, अभागे अनुग्रह प्राप्त करते हैं और पापियों को क्षमा प्राप्त होती है। कमजोर शक्ति प्राप्त करते हैं, पृथ्वीवासी दिव्य वस्तुओं को प्राप्त करते हैं, नश्वर जीवन प्राप्त करते हैं, और तीर्थयात्री अपना देश पाते हैं!" (3)
2. **पादुआ के सेंट एंथोनी (1195-1231)** "अब प्रभु ने उन लोगों के लिए भी दया का आश्रय स्थापित किया है जो जानबूझकर बुराई करते हैं, वह है मरियम। मरियम पापियों को आश्रय और शक्ति प्रदान करती है।" (3)
3. **सिएना की सेंट कैथरीन (1347-1380)** "उस प्यारी मरियम का आश्रय लें जो दया की माता है। वह आपको अपने बेटे की उपस्थिति में ले जाएगी और आपकी ओर से उसके साथ अपनी मातृ मध्यस्थता का उपयोग करेगी, ताकि वह आप पर दया करे। (3)

सदाचार पर प्रकाश: पवित्रता, नम्रता विनम्रता और धैर्य माताओं के लिए आवश्यक सदाचार गुण हैं जब वे यीशु की सेवा करते हैं क्योंकि वे अपने छोटों की सेवा करते हैं।

सप्ताह की आज्ञा: यह यीशु की एक नई आज्ञा है जो असल दस में नहीं दी गई है: **"मैं तुम लोगों को एक नयी आज्ञा देता हूँ- तुम एक दूसरे को प्यार करो। जिस प्रकार मैंने तुम लोगों को प्यार किया, उसी प्रकार तुम एक दूसरे को प्यार करो।**" (योहन 13:34) धर्मशिक्षा कहती है कि यह नई आज्ञा अन्य सभी आज्ञाओं का सारांश देती है और उसकी दिव्य इच्छा को व्यक्त करती है। (6, #2822) यह भी हर माँ और दादी के हृदय से आती है। दूसरे शब्दों में, वे अपने परिवार के प्रत्येक सदस्य को यीशु की नई आज्ञा बता सकते हैं। हम एक बार फिर देखते हैं कि सभी आज्ञाएँ एक माँ के हृदय में समाहित हैं, विशेष रूप से हमारी धन्य माँ के हृदय में।

हमारे विश्वास को प्रायोजक और/या माता-पिता के साथ साझा करना: साझा करें कि कैसे पाप, आत्माओं को बंधन में फंसा सकता है। हम दुनिया में ऐसा कहां होते हुए देखते हैं?

कार्य: अध्याय को एक साथ पढ़ें और अगले सात दिनों में प्रत्येक दिन प्रायोजक या परिवार के साथ कम से कम दस बार जोर से प्रार्थना करें। आपकी ओर से मरियम को एक सक्रिय और बलिदानपूर्ण उपहार के रूप में अपनी दैनिक माला अर्पित करें-वह इसे प्यार करती है और आपको आशीर्वाद देगी। हर सुबह दैनिक अभिषेक प्रार्थना दोहराएं।

पांच चमकदार रहस्यों के लिए अभिषेक की दैनिक प्रार्थना

मेरी रानी, मेरी माँ, मैं अपने आप को पूर्णत: आपको देता हूँ;
और आपको अपनी भक्ति दिखाने के लिए मैं आज
मेरी आँखें,
और मेरे कान, मेरा मुंह, मेरा ह्रदय, मेरा पूरा अस्तित्व
बिना किसी संशय के आपको समर्पित करता हूँ।
चूँकि मैं तुम्हारा हूँ, मेरी अच्छी माँ,
मुझे अपनी संपत्ति और धरोहर के रूप में रखो, मेरी रक्षा करो,।
आमीन (24)

सप्ताह 9

यीशु का रूपांतरण

आत्मा का फल: पवित्रता की इच्छा

पवित्रशास्त्र: प्रभु ईसा का रूपान्तरण. "छः दिन बाद ईसा ने पेत्रुस, याकूब और उसके भाई योहन को अपने साथ ले लिया और वह उन्हें एक ऊँचे पहाड़ पर एकान्त में ले चले। उनके सामने ही ईसा का रूपान्तरण हो गया। उनका मुखमण्डल सूर्य की तरह दमक उठा और उनके वस्त्र प्रकाश के समान उज्ज्वल हो गये। शिष्यों को मूसा और एलियस उनके साथ बातचीत करते हुए दिखाई दिये। तब पेत्रुस ने ईसा से कहा, "प्रभु! यहाँ होना हमारे लिए कितना अच्छा है! आप चाहें, तो मैं यहाँ तीन तम्बू खड़ा कर दूगाँ- एक आपके लिए, एक मूसा और एक एलियस के लिए।" वह बोल ही रहा था कि उन पर एक चमकीला बादल छा गया और उस बादल में से यह वाणी सुनाई पड़ी, "यह मेरा प्रिय पुत्र है। मैं इस पर अत्यन्त प्रसन्न हूँ; इसकी सुनो।" यह वाणी सुनकर वे मुँह के बल गिर पड़े और बहुत डर गये। तब ईसा ने पास आ कर उनका स्पर्श किया और कहा, "उठो, डरो मत"। उन्होंने आँखें ऊपर उठायी, तो उन्हें ईसा के सिवा और कोई नहीं दिखाई पड़ा।" (मत्ती 17:1-9)

प्रतिबिंब: भरोसा और विश्वास करें कि यीशु वही है जो परमेश्वर पिता कहता है कि वह है - परमेश्वर का दिव्य पुत्र और दो महान भविष्यद्वक्ताओं, मूसा और एलिय्याह से कहीं अधिक महत्वपूर्ण।

रूपान्तरण का चमत्कार यीशु को उसके जूनून और मौत का सामना करने से पहले उसे शक्ति देने के लिए, और तीन प्रमुख प्रेरितों को यह पुष्टि करने के लिए हुआ कि वह वास्तव में परमेश्वर का पुत्र था। यीशु ने अपने आप को उन पर वचनों और कर्मों के द्वारा प्रकट किया था। उन्होंने उसका अनुसरण किया, उसके साथ रहे और उसने उनके बीच चिह्न और चमत्कार दिखाए—यहाँ तक कि मरे हुओं को भी जिन्दा किया।

उनका उसके साथ घनिष्ठ व्यक्तिगत संबंध था; हालाँकि, यह पर्याप्त नहीं था। उन्हें अभी भी उस पर बहुत कम विश्वास था। इसलिए, जैसे ही यीशु ने क्रूस पर अपने अंतिम बलिदान की तरफ कदम बढ़ाया, वह उनमें अपने विश्वास को मजबूत करने के लिए उन्हें एक पहाड़ पर ले गया। उसका स्वर्गीय पिता मूसा और एलिय्याह के साथ उनके सामने प्रकट हुआ और यह स्पष्ट किया कि यीशु उसका दिव्य पुत्र था जिससे वह बहुत प्रसन्न था और उन्हें उसकी बात सुननी चाहिए। "पहाड़ की चोटी" आध्यात्मिक अनुभव की तरह जो तीन प्रमुख प्रेरितों के पास था, ईसाई होने के नाते हम भी अपने घर की शांति और सुरक्षा में परमेश्वर का अनुभव कर सकते हैं। यही तीन प्रेरित फिर से आश्चर्यजनक रूप से नए तरीकों से परमेश्वर से मिले जैसे कि पवित्र गुरुवार को यूखारिस्त रोटी और दासरख में, ईस्टर की सुबह पुनर्जीवित प्रभु में और रविवार को पेंटेकोस्ट पर पवित्र आत्मा के रूप में। ये बाद की घटनाएँ किसी पहाड़ की चोटी पर या किसी चर्च या मंदिर में नहीं बल्कि यरूशलेम में एक घर के ऊपरी कमरे में हुई थी। हम घर पर परमेश्वर का अनुभव कर सकते हैं क्योंकि वह हमेशा हमारे साथ हैं। "एम्मानुएल"।

परमेश्वर का भय। यह पवित्र आत्मा के सात पुष्टिकरण उपहारों में से एक है और यह बहुत महत्वपूर्ण है। सात उपहारों की सूची में प्रभु के भय का दो बार उल्लेख किया गया है और इसे प्रभु का आनंद कहा जाता है। (इसायाह 11:1-3) यह भ्रामक भी हो सकता है।

कैसे युवा पुरुष व युवतियों को परिपक्व ईसाई बनने के लिए प्रेरित किया जाता है? इस यात्रा को बाहरी प्रेरणा, आंतरिक प्रेरणा और यीशु और मैरी के संयुक्त हृदय के साथ प्रार्थनापूर्ण मिलन के संयोजन के साथ करना चाहिए। ईसाई परिपक्वता जीवन भर विकसित होनी चाहिए, लेकिन बहुत से लोग कभी भी पवित्रता में आगे नहीं बढ़ते हैं और यीशु और मरियम के साथ घनिष्ठ व्यक्तिगत संबंध बनाने से चूक जाते हैं। कुछ लोग स्वर्ग को हमेशा के लिए खो देते हैं; यह जीवन की भयानक बर्बादी है! हमने बचपन में सीखा था कि परिपक्वता की यात्रा दूसरों (जैसे माता-पिता) के परिणामों के डर से ली गई प्रेरणा के साथ शुरू होती है, और परमेश्वर और पड़ोसी से प्यार करने की सच्ची इच्छा में परिपक्व होती है। यीशु के तीन प्रमुख प्रेरितों को कलीसिया का सफलतापूर्वक नेतृत्व करने के लिए परिपक्वता में बढ़ने की आवश्यकता थी क्योंकि यीशु को जल्द ही

PAUL E. CRANLEY (पॉल इ. क्रेनली)

उनसे ले लिया जाना था। इसलिए, इस घटना के माध्यम से, परमेश्वर पिता और उसका पुत्र यीशु इन तीनों को एक पहाड़ की चोटी पर "मार्ग के संस्कार" के माध्यम से ले आए। पहले, वे बादल के रूप में परमेश्वर पिता की महिमा का अनुभव करके मृत्यु तक भयभीत हो जाते हैं। फिर, उन्हें यीशु द्वारा सांत्वना दी जाती है जो उनसे कहते हैं, "उठो और डरो मत।" तो, क्या जरूरी है डरना या न डरना? वे यीशु से एक आश्चर्यजनक नए तरीके से मिलते हैं: एक रूपांतरित रूप, सूरज की तरह चमकते हुए। वे परमेश्वर पिता से भी एक आश्चर्यजनक नए तरीके से मिलते हैं: एक रहस्यमयी बादल में। वे पहले ईश्वरीय भय से प्रेरित होकर फिर ईश्वरीय प्रेम से प्रेरित हुए। हम प्रभु के भय के इस महत्वपूर्ण (लेकिन बहुत गलत समझे गए) उपहार को बेहतर तरीके से कैसे समझ सकते हैं? वास्तव में, पवित्र धर्मग्रंथ में इसकी 300 से अधिक बार प्रशंसा की गई है, यहां तक कि मरियम ने भी अपने मैग्निफिट में इसकी प्रशंसा की है।(लूकस 1:39-56)

रोक संकेतों के चिह्नों पर विचार करें। यदि आपने मोटर चालकों से पूछा कि क्या वे रुकने के संकेतों से डरते हैं, तो सभी कहेंगे नहीं! हालाँकि, यदि आपने पूछा कि क्या कोई स्टॉप संकेतों को अनदेखा करने से डरता है, तो सभी हाँ कहेंगे! हम परिणामों, दुखद परिणामों के डर से रोक संकेतों का पालन करते हैं, जिन्हें हम अक्सर समाचारों में देखते और सुनते हैं। हालांकि, अगर हम कानून से प्यार करते हैं क्योंकि हम कानून के दाता से प्यार करते हैं, तो हम डर से नहीं बल्कि प्यार से संकेतों का पालन करेंगे। हम भरोसा करेंगे कि रुकने के संकेत हमारी भलाई के लिए हैं और इस प्रकार हम उनके लिए आभारी हैं; आखिरकार, वे प्रतिदिन अरबों दुर्घटनाओं को बचाते हैं! कल्पना कीजिए कि बिना किसी परवाह के प्रत्येक रोक संकेतों को पार करना कितना भयानक होगा? यहाँ मुख्य बिंदु है: जो संकेतों का पालन करते हैं वे उनसे डरते नहीं हैं! वैसे ही जो परमेश्वर की आज्ञाओं को मानते हैं, वे परमेश्वर से नहीं डरते। अपरिपक्वता और ईसाई परिपक्वता के बीच का अंतर यह है कि हमारे पास खुद से ऊपर परमेश्वर और पड़ोसी के लिए सक्रिय प्रेम को रखने की डिग्री है। पवित्रशास्त्र कहता है, "**पूर्ण प्रेम भय दूर कर देता है।**" (1 योहन 4:18) यह हमारा ईसाई संस्कार पथ है, जो हमें जीवन में स्वतंत्रता और उद्देश्य देता है। यीशु, जो अपने प्रेरितों को डरने के लिए नहीं कहता है, वह खुद भी नहीं डरता क्योंकि वह हमेशा पिता का आज्ञाकारी है। इसी

तरह, मरियम महादूत गेब्रियल से नहीं डरती थी क्योंकि वह पूरी तरह से परमेश्वर के प्रति आज्ञाकारी थी।

अभिषेक का सिद्धांत : जो कुछ वह तुमसे कहे वह करो। परमेश्वर की आज्ञा, "इसकी सुनो," और काना में मरियम की शिक्षा, "जो कुछ वह तुम से कहे, वही करना," दोनों समान हैं। यह यीशु के माता और पिता दोनों का उत्कृष्ट शास्त्र ज्ञान है। यदि हम परमेश्वर के पुत्र यीशु के पीछे चलते हैं और उसकी आज्ञा मानते हैं, तो हम परमेश्वर से नहीं डरेंगे परन्तु हम पाप के परिणामों से डरेंगे। "यदि तुम मुझे प्यार करोगे तो मेरी आज्ञाओं का पालन करोगे। मैं पिता से प्रार्थना करूँगा और वह तुम्हें एक दूसरा सहायक प्रदान करेगा, जो सदा तुम्हारे साथ रहेगा।"(योहन 14:15-16) यह "परामर्शदाता" पवित्र आत्मा है जिससे आप अपने पुष्टिकरण के दिन एक नया प्रवाह प्राप्त करेंगे।

संतो की गवाही:

1. **धन्य माँ मरियम** और तब मरियम ने कहा, "**तब मरियम बोल उठी, "मेरी आत्मा प्रभु का गुणगान करती है, मेरा मन अपने मुक्तिदाता ईश्वर में आनन्द मनाता है; क्योंकि उसने अपनी दीन दासी पर कृपादृष्टि की है। अब से सब पीढ़ियाँ मुझे धन्य कहेंगी; क्योंकि सर्वशक्तिमान् ने मेरे लिए महान् कार्य किये हैं। पवित्र है उसका नाम! उसकी कृपा उसके श्रद्धालु भक्तों पर पीढ़ी-दर-पीढ़ी बनी रहती है..."** (लूकस 1:46-50)
2. **संट मैक्सिमिलियन कोल्बे (1894-1941)** "हमारे उपहार, बेदाग गर्भाधान में बेदाग हो जाते हैं। यीशु मसीह में वे दिव्य, अनंत, पिता परमेश्वर की महिमा के योग्य बन जाते हैं। यीशु, पिता का एकमात्र मध्यस्थ है, बेदाग, यीशु का एकमात्र मध्यस्थ। (20, पृष्ठ 16)
3. **संट लुइस ग्रिग्नियन डी मोंटफोर्ट (1673-1716)** "चूंकि पवित्र रोज़री, मुख्य रूप से और सार में, मसीह की प्रार्थना और स्वर्गदूतों की अभिवादन प्रार्थना से निर्मित है, जो कि हमारे पिता और मरियम की स्तुति है, निःसंदेह यह विश्वासियों की पहली प्रार्थना और भक्ति थी और सदियों से प्रेरितों और शिष्यों

के समय से लेकर वर्तमान समय तक इसका उपयोग किया जाता रहा है। (25)

सदाचार पर प्रकाश: रूपान्तरण का उद्देश्य पतरस, याकूब और जॉन में विश्वास और भरोसे के गुणों को मजबूत करना था। इस पर्वत की चोटी के अनुभव के बाद, इन तीनों के पास संदेह करने का कोई कारण नहीं था कि यीशु वास्तव में कौन था।

सप्ताह की आज्ञा: छठी आज्ञा: **व्यभिचार मत करो।**।" (निर्गमन 20:14) इस आज्ञा को केवल व्यभिचार से जोड़ने की गंभीर गलती न करें और इसे दिल और दिमाग की यौन अशुद्धता के सभी कार्यों के साथ भी जोड़ें। सुसमाचार में यीशु के शब्दों पर विचार करें: "**तुम लोगों ने सुना है कि कहा गया है - व्यभिचार मत करो। परन्तु मैं तुम से कहता हूँ - जो बुरी इच्छा से किसी स्त्री पर दृष्टि डालता है वह अपने मन में उसके साथ व्यभिचार कर चुका है। "यदि तुम्हारी दाहिनी आँख तुम्हारे लिए पाप का कारण बनती है, तो उसे निकाल कर फेंक दो। अच्छा यही है कि तुम्हारे अंगों में से एक नष्ट हो जाये, किन्तु तुम्हारा सारा शरीर नरक में न डाला जाये। और यदि तुम्हारा दाहिना हाथ तुम्हारे लिए पाप का कारण बनता है, तो उसे काट कर फेंक दो। अच्छा यही है कि तुम्हारे अंगों में से एक नष्ट हो जाये, किन्तु तुम्हारा सारा शरीर नरक में न जाये।**" (मत्ती 5:27-30) यह आज्ञा पुरुषों और महिलाओं दोनों के लिए सभी प्रकार की यौन अशुद्धता पर लागू होती है। दुनिया की नकल मत करो; उसके पास पवित्रता के गुण का अभाव है।

अपने विश्वास को आयोजको और/या माता-पिता के साथ साँझा करना: यीशु आपके लिए कौन हैं? मरियम आपके लिए कौन हैं?

कार्य: अध्याय को एक साथ पढ़ें और अगले सात दिनों में प्रत्येक दिन प्रायोजक या परिवार के साथ कम से कम दस बार जोर से प्रार्थना करें। आपकी ओर से मरियम को एक सक्रिय और बलिदानपूर्ण उपहार के रूप में अपनी दैनिक माला अर्पित करें-वह इसे प्यार करती है और आपको आशीर्वाद देगी। हर सुबह दैनिक अभिषेक प्रार्थना दोहराएं।

पांच चमकदार रहस्यों के लिए अभिषेक की दैनिक प्रार्थना

मेरी रानी, मेरी माँ, मैं अपने आप को पूर्णत: आपको देता हूँ;
और आपको अपनी भक्ति दिखाने के लिए मैं आज
मेरी आँखें,
और मेरे कान, मेरा मुंह, मेरा हृदय, मेरा पूरा अस्तित्व
बिना किसी संशय के आपको समर्पित करता हूँ।
चूँकि मैं तुम्हारा हूँ, मेरी अच्छी माँ,
मुझे अपनी संपत्ति और धरोहर के रूप में रखो, मेरी रक्षा करो,।
आमीन (24)

टिप्पणियाँ:

सप्ताह 10

अंतिम दावत

आत्मा का फल: आराधना (10)

पवित्रशास्त्र: समय आने पर ईसा प्रेरितों के साथ भोजन करने बैठे और उन्होंने उन से कहा, "मैं कितना चाहता था कि दुःख भोगने से पहले पास्का का यह भोजन तुम्हारे साथ करूँ; क्योंकि मैं तुम लोगों से कहता हूँ, जब तक यह ईश्वर के राज्य में पूर्ण न हो जाये, मैं इसे फिर नहीं खाऊँगा"। इसके बाद ईसा ने प्याला लिया, धन्यवाद की प्रार्थना पढ़ी और कहा, "इसे ले लो और आपस में बाँट लो; क्योंकि मैं तुम लोगों से कहता हूँ, जब तक ईश्वर का राज्य न आये, मैं दाख का रस फिर नहीं पिऊँगा"। उन्होंने रोटी ली और धन्यवाद की प्रार्थना पढ़ने के बाद उसे तोड़ा और यह कहते हुए शिष्यों को दिया, "यह मेरा शरीर है, जो तुम्हारे लिए दिया जा रहा है। यह मेरी स्मृति में किया करो"। इसी तरह उन्होंने भोजन के बाद यह कहते हुए प्याला दिया, "यह प्याला मेरे रक्त का नूतन विधान है। यह तुम्हारे लिए बहाया जा रहा है। (लूकस 22:14-20)

ईसा ने उत्तर दिया, "मै तुम लोगों से यह कहता हूँ - मूसा ने तुम्हें जो दिया था, वह स्वर्ग की रोटी नहीं थी। मेरा पिता तुम्हें स्वर्ग की सच्ची रोटी देता है। ईश्वर की रोटी तो वह है, जो स्वर्ग से उतर कर संसार को जीवन प्रदान करती है।" ... उन्होंने उत्तर दिया, "जीवन की रोटी मैं हूँ। जो मेरे पास आता है, उसे कभी भूख नहीं लगेगी और जो मुझ में विश्वास करता है, उसे कभी प्यास नहीं लगेगी। फिर भी, जैसा कि मैंने तुम लोगों से कहा, तुम मुझे देख कर भी विश्वास नहीं करते। पिता जिन्हें मुझ को सौंप देता है, वे सब मेरे पास आयेंगे और जो मेरे पास आता है, मैं उसे कभी नहीं ठुकराऊँगा; क्योंकि मैं अपनी इच्छा नहीं, बल्कि जिसने मुझे भेजा, उसकी इच्छा पूरी करने के लिए स्वर्ग से उतरा हूँ। जिसने मुझे भेजा, उसकी इच्छा यह है कि जिन्हें उसने मुझे सौंपा है, मैं उन में से एक का भी सर्वनाश न होने दूँ, बल्कि उन सब को अन्तिम दिन पुनर्जीवित कर दूँ। मेरे पिता की इच्छा यह है कि जो पुत्र को पहचान कर उस में विश्वास करता है, उसे आनन्द जीवन प्राप्त हो। मैं उसे अन्तिम दिन पुनर्जीवित कर दूँगा।" ईसा ने कहा था,

"स्वर्ग से उतरी हुई रोटी मैं हूँ"। ...ईसा ने उन्हें उत्तर दिया, "आपस में मत भुनभुनाओ। कोई मेरे पास तब तक नहीं आ सकता, जब तक कि पिता, जिसने मुझे भेजा, उसे आकर्षित नहीं करता। मैं उसे अन्तिम दिन पुनर्जीवित कर दूंगा। नबियों ने लिखा है, वे सब-के-सब ईश्वर के शिक्षा पायेंगे। जो ईश्वर की शिक्षा सुनता और ग्रहण करता है, वह मेरे पास आता है। "यह न समझो कि किसी ने पिता को देखा है; जो ईश्वर की ओर से आया है, उसी ने पिता को देखा है मैं तुम लोगों से यह कहता हूँ - जो विश्वास करता है, उसे अनन्त जीवन प्राप्त है। जीवन की रोटी मैं हूँ। तुम्हारे पूर्वजों ने मरुभूमि में मन्ना खाया, फिर भी वे मर गये। मैं जिस रोटी के विषय में कहता हूँ, वह स्वर्ग से उतरती है और जो उसे खाता है, वह नहीं मरता। स्वर्ग से उतरी हुई वह जीवन्त रोटी मैं हूँ। यदि कोई वह रोटी खायेगा, तो वह सदा जीवित रहेगा। जो रोटी मैं दूँगा, वह संसार के लिए अर्पित मेरा मांस है।" ....इस लिए ईसा ने उन से कहा, "मैं तुम लोगों से यह कहता हूँ - यदि तुम मानव पुत्र का मांस नहीं खाओगे और उसका रक्त नहीं पियोगे, तो तुम्हें जीवन प्राप्त नहीं होगा। जो मेरा मांस खाता और मेरा रक्त पीता है, उसे अनन्त जीवन प्राप्त है और मैं उसे अन्तिम दिन पुनर्जीवित कर दूँगा; क्योंकि मेरा मांस सच्चा भोजन है और मेरा रक्त सच्चा पेय। जो मेरा मांस खाता और मेरा रक्त पीता है, वह मुझ में निवास करता है और मैं उस में। जिस तरह जीवन्त पिता ने मुझे भेजा है और मुझे पिता से जीवन मिलता है, उसी तरह जो मुझे खाता है, उसको मुझ से जीवन मिलेगा। यही वह रोटी है, जो स्वर्ग से उतरी है। यह उस रोटी के सदृश नहीं है, जिसे तुम्हारे पूर्वजों ने खायी थी। वे तो मर गये, किन्तु जो यह रोटी खायेगा, वह अनन्त काल तक जीवित रहेगा।"

(योहन 6:32-58)

प्रतिबिंब: यदि आप दैवीय प्रेम का स्वाद चखना चाहते हैं, तो यूखरिस्त ग्रहण करें! आप परमेश्वर को एक चौंका देने वाले नए रूप में भी देख सकते हैं!

सबसे पहली सार्वजनिक सभा का आयोजन किसी चर्च में नहीं बल्कि एक घर में हुआ था। फसह का पर्व यहूदी लोगों का एक अनिवार्य वार्षिक उत्सव था। 1300 से अधिक वर्षों पहले, परमेश्वर ने मूसा के मार्गदर्शन के द्वारा यहूदियों को मिस्र की दासता से छुड़ाया। परमेश्वर ने यहूदियों

को आदेश दिया कि वे उसके छुटकारे के प्रति आभार व्यक्त करते हुए इस वार्षिक अवकाश को घर के अंदर मनाएं। इन प्रत्येक वार्षिक अनुष्ठान भोजन में, माता-पिता परिवार की मेज पर खाने के लिए एक मेमने की बलि देते हैं और बच्चों को यह कहानी सुनाते हैं कि कैसे परमेश्वर ने उन्हें "बलवन्त हाथ और बढ़ाई हुई भुजा से," बंधन से छुड़ाया, यह दर्शा रहा है कि उसका "प्रेम अनंत काल तक बना रहता है।" (स्त्रोत ग्रन्थ 136:12)

इस भोजन में, यीशु, हमारा नया मूसा, अपने शिष्यों के साथ जश्न मनाएगा और कृतज्ञता के इस ऐतिहासिक उत्सव का पूरा अर्थ बदल देगा। वह अपना पूरा शरीर और आत्मा इस पूजा-विधि के भोजन में लगा रहा है और कुछ घंटों के बाद वह स्वयं बलि का मेमना बन जाएगा; वह बलिदान बन जाएगा जिसका लहू हमें छुड़ाने के लिए बहाया जाएगा। जॉन के सुसमाचार (ऊपर) में, यीशु ने अपने शिष्यों से कहा, **"मैं तुम लोगों से यह कहता हूँ - यदि तुम मानव पुत्र का मांस नहीं खाओगे और उसका रक्त नहीं पियोगे, तो तुम्हें जीवन प्राप्त नहीं होगा।**" (योहन 6:53) बहुत से लोग अविश्वासी हो गए। वह हमें बंधनों से बचाने और हमें स्वर्ग में ले जाने के लिए स्वयं का बलिदान दे रहा है। क्या हम अपने पूरे अस्तित्व के साथ जन-सभा में भाग लेते हैं? क्या हम अपने प्रभु के वचनों पर विश्वास करते हैं? जब हम अंतिम भोज-संस्कार प्राप्त करते हैं, क्या हम महसूस करते हैं कि हम परमेश्वर से एक नए आश्चर्यजनक तरीके से मिल रहे हैं? एक माँ अपने पति और परिवार को अपने बेटे का नया जीवन देने के लिए अपने शरीर का एक हिस्सा त्याग देती है। यीशु वही कर रहा है, एक नए और अद्भुत तरीके से नया जीवन ला रहा है: एक अनन्त जीवन!

इससे पहले कि वह अपने प्रेरितों को दिव्य यूखारिस्त रोटी और अंतिम भोज में दाखरस के रूप में अपने आप को दे, उसने पहले उनके पैर धोकर उन्हें शुद्ध किया, शायद उनकी स्वीकारोक्ति भी सुनी, जैसा कि उन्होंने पतरस के साथ किया था। उन्होंने यहूदा को भी बर्खास्त कर दिया। यह महत्वपूर्ण है कि हम में से प्रत्येक थोड़ी देर के लिए खाना-पीना छोड़ कर, अपने शरीर, अपने कपड़ों और अपनी आत्मा को साफ करे-और अगर हम गंभीर पाप में हैं तो कभी भी अंतिम रात्रि-भोज ग्रहण करने की तैयारी न करें। हमें पश्चाताप करने के अपने इरादे को दिखाने के लिए परमेश्वर के साथ सामंजस्य स्थापित करके दिव्यता को प्राप्त करने के लिए स्वयं को हमेशा तैयार रखना चाहिए। यीशु ने कहा,

"हे पतरस, यदि मैं तेरे पांव न धोऊं, तो मेरे साथ तेरा कुछ भी भाग नहीं।" इसके अलावा, अंतिम रात्रि-भोज को "प्राप्त करने" का अर्थ अंतिम रात्रि-भोज को "लेना" नहीं है। बल्कि, सहायता की प्रतीक्षा करें और फिर विनम्रतापूर्वक उपहार प्राप्त करें।

यीशु हमें अपना 100% देना चाहता है, जैसे एक माँ अपने बच्चे को अपना 100% देना चाहती है। वह अपने बच्चे को दूध पिलाना चाहती है, जो उसके शरीर और खून से उसके अंदर बना है। बच्चा पूरी तरह से मां के शरीर और खून से बना था। यीशु अपने अनुयायियों को अपना सब कुछ देना चाहता है: और जैसे उसके पिता ने जंगल में यहूदियों को चट्टान से पानी और स्वर्ग के मन्ना से रोटी खिलाई थी, वैसे ही यीशु अपने अनुयायियों को हमेशा के लिए आध्यात्मिक रूप से पोषित करना चाहता है। इस प्रकार, उसने उन्हें खुद को रोटी और दाखरस के रूप में दिया जो पारंपरिक रूप से फसह के भोजन में खाया जाता था: "**उन्होंने रोटी ली और धन्यवाद की प्रार्थना पढ़ने के बाद उसे तोड़ा और यह कहते हुए शिष्यों को दिया, "यह मेरा शरीर है, जो तुम्हारे लिए दिया जा रहा है। यह मेरी स्मृति में किया करो"। इसी तरह उन्होंने भोजन के बाद यह कहते हुए प्याला दिया, "यह प्याला मेरे रक्त का नूतन विधान है। यह तुम्हारे लिए बहाया जा रहा है।**" (लूकस 22:19-20) । हम ईसाइयों को विश्वास करना चाहिए कि अंतिम रात्रि-भोज वास्तव में यीशु का शरीर और रक्त है और व्यक्तिगत रूप से उनके उपहार को बिना किसी शर्त के प्राप्त करना चाहिए जैसा यह दिया जाता है। इस प्रकार, हम अंतिम रात्रि-भोज की ओर देखेंगे और आश्चर्यजनक रूप से नए तरीकों से परमेश्वर से मिलेंगे।

अभिषेक का सिद्धांत: मरियम को वैसे ही प्यार करना सीखें जैसे वह हमसे प्यार करती है। सच्चे प्रेम के बारे में सबसे शक्तिशाली कथनों में से एक का श्रेय संट जॉन पॉल द्वितीय को शरीर के धर्मशास्त्र पर, उनके शिक्षण सभा में दिया गया है: "प्रेम का विपरीत घृणा नहीं बल्कि वासना है; किसी दूसरे व्यक्ति का उपयोग। (46) जब हम अपने स्वार्थी उद्देश्यों के लिए दूसरे व्यक्ति का उपयोग करके प्यार के उपहार का आदान-प्रदान करते हैं, तो हम प्यार नहीं बल्कि उनका उपयोग कर रहे होते हैं। क्योंकि माताओं के पास अपने बच्चों को सच्चे प्यार का अर्थ सिखाने के लिए पमेश्वर द्वारा दिया गया करिश्मा है, उन्हें एक आध्यात्मिक अंतर्दृष्टि भी मिली है जो उन्हें प्यार करने और इस्तेमाल

किए जाने के बीच का अंतर बताती है। जब हम मरियम से प्यार करने की कोशिश करते हैं, तो हमें उससे प्यार करना सीखना चाहिए क्योंकि वह हमसे प्यार करती है, त्यागपूर्ण और निस्वार्थ रूप से। हमारे प्रभु की सार्वजनिक सेवकाई के दौरान, इसमें कोई संदेह नहीं है कि कुछ लोगों ने मरियम के साथ उसके प्रसिद्ध पुत्र के निकट आने के साधन के रूप में मित्रता करनी चाही। एक माँ हम में से प्रत्येक को परमेश्वर की एक सिद्ध योजना के रूप में दी गई है कि हमें यह सिखाने के लिए कि कैसे उसे उसी भावना से प्यार करना चाहिए जिस भावना से वह हमसे प्यार करती है। माँ और बच्चे के हृदयों में एकजुटता होती है। एक माँ को अपने बच्चे से प्यार करते हुए और बच्चे को वापस प्यार कैसे करना है, यह सिखाते हुए बस देखें। इस तरह हम परमेश्वर द्वारा दूसरी महान आज्ञा को सीखने और इसे स्वर्ग बनाने के लिए रचे गए हैं। हमें सक्रिय रूप से मरियम को विनम्रता और नम्रता से प्यार करने की कोशिश करनी चाहिए और उसे सिखाने दें कि हमें उससे कैसे प्यार करना है जैसे यीशु उससे प्यार करता है। जैसा कि यीशु अंतिम रात्रि-भोज में अपना शरीर और रक्त देता है - और आज भी हर अंतिम रात्रि-भोज में-वह हमें बलिदान और विनम्रता और नम्रता के साथ प्यार करते हैं। जब हम माता मरियम को समर्पित करते हैं और उनसे ईमानदारी से प्रेम करना सीखते हैं, तो हमारे हृदय उनके संयुक्त हृदयों से जुड़ जाते हैं। इसमें मैरियन अभिषेक की गुप्त शक्ति निहित है।

संतो की गवाही:

1. **सेंट कैजेटन (1480-1547)** "कुवांरी मरियम से लगातार उनके गौरवशाली बेटे के साथ आपके पास आने के लिए कहें। साहसिक बनें। उसे अपने बेटे को आपको देने के लिए कहें, जो धन्य संस्कार में वास्तव में आपकी आत्मा का भोजन है। वह उसे तुझे सहज ही दे देगी।" (3)
2. **सेंट मदर टेरेसा (1910-1997)** "मरियम की भूमिका हमें जॉन और मरियम मगदलीनी की तरह आमने-सामने लाने की है, क्रूस पर चढ़ाए गए यीशु के हृदय में प्रेम के साथ ... क्योंकि हमारी माँ कैवलरी पर थी, वह जानती है कि यह कितना वास्तविक है, आपके और दीन लोगों के लिए उसकी इच्छा कितनी गहरी है।" (1)
3. **सेंट जॉन पॉल द्वितीय (1920-2005)** "माला में मरियम स्तुति की पुनरावृत्ति हमें परमेश्वर के अपने आश्चर्य और आनंद में

हिस्सेदार बनाती है: हर्षित विस्मय में, हम इतिहास के सबसे बड़े चमत्कार को पहचानते हैं।" (12)

सदाचार पर प्रकाश: प्रेरितों के पैर धोने में यीशु बड़ी विनम्रता दिखाता है। वह उनसे उस पर भरोसा करने के लिए कहता है जो वह घोषित करने वाला है: आश्चर्यजनक रूप से नए तरीके से परमेश्वर का अनुभव करना। यूखरिस्तीय रोटी और दाखरस!

सप्ताह की आज्ञा: सातवीं आज्ञा: "**चोरी मत करो।**" (निर्गमन 20:15) हम अपने पड़ोसी से कैसे प्यार कर सकते हैं अगर हम उसका वह सामान लेते हैं जो हमारा नहीं है? "सातवीं आज्ञा किसी पड़ोसी के सामान को अन्यायपूर्ण तरीके से लेने या रखने से और उसके अपने सामान के संबंध में किसी भी तरह से नुकसान पहुँचाने के लिए मना करती है ... इसके लिए निजी संपत्ति के अधिकार के लिए भी सम्मान की आवश्यकता होती है।" (6, #2410) जो दूसरों का है उसे लेना और गपशप या बदनामी के साथ किसी की प्रतिष्ठा को नुकसान पहुँचाना दोनों ही चोरी है। संट थॉमस एक्विनास सिखाते हैं कि चोरी बेहद खतरनाक है क्योंकि "अगर कोई इस पाप का पश्चाताप भी करता है, तो उसे इसके लिए आसानी से जरूरी संतुष्टि नहीं मिलती है। यह वापसी के दायित्व और सही मालिक को हुए नुकसान की भरपाई करने के दायित्व के कारण है। और यह सब पाप के लिए पश्चाताप करने की बाध्यता से बढ़कर है।" (13, 6 #2412)

अपने विश्वास को अभिभावक और/या माता-पिता के साथ साझा करना: क्या हम हर साल परमेश्वर को धन्यवाद देने में अपनी जड़ों को याद करते हैं जिस तरह से उन्होंने हमें बचाया और हमें मुक्त किया? क्या हम जन-समुदाय के अपने धार्मिक उत्सव में अपना 100% लगाते हैं, जो अंतिम रात्रि-भोज की याद दिलाता है? क्या हम पहचानते हैं कि जब हम यह रोटी खाते हैं और यह दाखरस पीते हैं, तो हम यीशु के सच्चे शरीर और लहू को ग्रहण कर रहे हैं?

कार्य: अध्याय को एक साथ पढ़ें और अगले सात दिनों में प्रत्येक दिन प्रायोजक या परिवार के साथ कम से कम दस बार जोर से प्रार्थना करें। आपकी ओर से मरियम को एक सक्रिय और बलिदानपूर्ण उपहार के रूप में अपनी दैनिक माला अर्पित करें - वह इसे प्यार करती है। हर सुबह दैनिक अभिषेक प्रार्थना दोहराएं।

PAUL E. CRANLEY (पॉल इ. क्रेनली)

पांच चमकदार रहस्यों के लिए अभिषेक की दैनिक प्रार्थना

मेरी रानी, मेरी माँ, मैं अपने आप को पूर्णत: आपको देता हूँ;
और आपको अपनी भक्ति दिखाने के लिए मैं आज
मेरी आँखें,
और मेरे कान, मेरा मुंह, मेरा ह्रदय, मेरा पूरा अस्तित्व
बिना किसी संशय के आपको समर्पित करता हूँ।
चूँकि मैं तुम्हारा हूँ, मेरी अच्छी माँ,
मुझे अपनी संपत्ति और धरोहर के रूप में रखो, मेरी रक्षा करो,।
आमीन (24)

टिप्पणियाँ:

तीसरी प्रतिज्ञा

मैं,____________________ आपसे वादा करता/करती हूँ, माँ मरियम कि मैं अगले 5 हफ्तों में अपने प्रायोजक और/या परिवार के सदस्यों के साथ प्रत्येक पाठ का ईमानदारी से अध्ययन करूँगा/करूँगी और कम से कम दस बार तक आपकी सबसे पवित्र माला की प्रार्थना करूँगा/करुँगी। मैं आपसे कहता/कहती हूँ, माँ, मुझे भी सिखाएं कि मैं भी आपसे ऐसे ही प्यार करूं जैसे आप मुझे करती हैं। मैं आपकी मदद से सीखना चाहता/चाहती हूं कि परमेश्वर और पड़ोसी को उनकी दिव्य इच्छा के अनुसार कैसे प्यार करना है। मैं पिता, पुत्र और पवित्र आत्मा के नाम से यह प्रार्थना करता/करती हूँ। आमीन।

उम्मीदवार द्वारा हस्ताक्षरित और दिनांक____________________
प्रायोजक ______________________

सप्ताह 11

जैतून के बगीचे में यीशु की पीड़ा

आत्मा का फल: पाप के लिए शोक (10)

पवित्रशास्त्र: जैतून के बगीचे में यीशु की पीड़ा

जब ईसा अपने शिष्यों के साथ गेथसेमनी नामक बारी पहुँचे, तो वे उन से बोले, "तुम लोग यहाँ बैठे रहो। मैं तब तक वहाँ प्रार्थना करने जाता हूँ।" वे पेत्रुस और जैबेदी के दो पुत्रों को अपने साथ ले गये। वे उदास तथा व्याकुल होने लगे और उन से बोले, "मेरी आत्मा इतनी उदास है कि मैं मरने-मरने को हूँ। यहाँ ठहर जाओ और मेरे साथ जागते रहो।"

वे कुछ आगे बढ़ कर मुहँ के बल गिर पडे और उन्होंने यह कहते हुए प्रार्थना की, "मेरे पिता! यदि हो सके, तो यह प्याला मुझ से टल जाये। फिर भी मेरी नही, बल्कि तेरी ही इच्छा पूरी हो।"

तब वे अपने शिष्यों के पास गये और उन्हें सोया हुआ देखकर पेत्रुस से बोले, "क्या तुम लोग घण्टे-भर भी मेरे साथ नहीं जाग सके? जागते रहो और प्रार्थना करते रहो, जिससे तुम परीक्षा में न पड़ो। आत्मा तो तत्पर है, परन्तु शरीर दुर्बल"। वे फिर दूसरी बार गये और उन्होंने यह कहते हुए प्रार्थना की, "मेरे पिता! यदि यह प्याला मेरे पिये बिना नहीं टल सकता, तो तेरी ही इच्छा पूरी हो"। लौटने पर उन्होंने अपने शिष्यों को फिर सोया हुआ पाया, क्योंकि उनकी आँखें भारी थीं।

वे उन्हें छोड़ कर फिर गये और उन्हीं शब्दों को दोहराते हुए उन्होंने तीसरी बार प्रार्थना की। इसके बाद उन्होंने अपने शिष्यों के पास आ कर उन से कहा, "अब तक सो रहे हो? अब तक आराम कर रहो हो, देखो! वह घड़ी आ गयी है, जब मानव पुत्र पापियों के हवाले कर दिया जायेगा। उठो! हम चलें। मेरा विश्वासघाती निकट आ गया है।" (मत्ती. 26:36-46)

प्रतिबिंबः जागते रहो, देखते रहो और प्रार्थना करो कि आप परीक्षा में न पड़ो पाँच माला ध्यान का अगला सेट, दुखद रहस्य, पीड़ा के रहस्य के बारे में है। हर किसी के जीवन में ख़ुशी के और दर्द भरे पल आते हैं। यीशु के समय में, यहूदी लोग सोचते थे कि जीवन में जो लोग दुखी हैं वे परमेश्वर द्वारा दंडित किये जा रहे हैं। लेकिन यीशु ने हमें दिखाया कि यह सच नहीं है! वह जो बिना पाप के था और जो पिता का चुना हुआ था, उसने बहुत कुछ सहा और इसी तरह उसकी बेदाग़ माँ ने भी। क्रूस के मार्ग के दौरान, यीशु ने हमें दिखाया कि कैसे हमें पीड़ा को एक बलिदानी प्रेम और दया के एक सुंदर और रचनात्मक कार्य में बदलना चाहिए, ठीक वैसे ही जैसे एक माँ कर सकती है, अपने प्यारे बच्चे के लिए कष्ट सहते हुए जब वह जन्म देने के लिए मेहनत कर रही होती है। हम क्रूस के रास्ते के पडावों में देखते हैं कि कैसे यीशु अपनी मृत्यु की यात्रा पर कई लोगों की सहायता करने के लिए रुका। सभी लोग दुःख का अनुभव करते हैं, लेकिन यीशु हमें सिखाता है कि हमारे दुखों को दूसरों के लिए परमेश्वर के एक शक्तिशाली उपहार में बदलने के लिए उस पर कैसे भरोसा करना है। ।

यीशु को परमेश्वर का मेमना बनना था जिसे मानवजाति के पापों के लिए बलिदान होना था। अदन की वाटिका में शैतान द्वारा आदम की परीक्षा ली गई और वह हव्वा को शैतान और पाप से बचाने में विफल रहा, भले ही परमेश्वर ने उसे "वाटिका को बनाए रखने" की चेतावनी दी थी। (26) बगीचे में शैतान द्वारा यीशु की परीक्षा ली जाती है, लेकिन वह अपनी "दुल्हन", कलीसिया की रक्षा करने में सक्षम होगा। शैतान पहले हव्वा के पीछे क्यों गया? शायद वह जानता था कि परमेश्वर ने हव्वा को पूरे परिवार को दो महान आज्ञाओं को सीखने में मदद करने के लिए बनाया था, जो परमेश्वर के हृदय और उसके साथ अनंत जीवन की कुंजियां हैं।

क्या आप किसी ऐसे कैदी की कल्पना कर सकते हैं जिसे सुबह मरना हो? क्या वो एक रात पहले सो पाएगा? प्रेरित सोते हैं; जो होने वाला है उसके लिए वे वास्तव में तैयार नहीं हैं। यदि हम सोचते हैं कि शैतान असल में नहीं है, तो वह हमें हैरान कर सकता है। लेकिन, अगर हम जाग्रत और चौकन्ने हैं, तो हम जीवन की परीक्षाओं के लिए तैयार और मुस्तैद हो सकते हैं। यीशु ने उन्हें जागते रहने और प्रार्थना करने के लिए कहा कि वे इस लड़ाई में बुराई से न हारें। हमें दैनिक प्रार्थना करने वाले और पवित्र आत्मा की गति के लिए प्रतिदिन देखने और प्रतीक्षा

करने वाले पुरुष व महिला होना चाहिए। हम इसे व्यावहारिक तरीके से कैसे कर सकते हैं?

एक बड़ा लक्ष्य यह है कि अपने जागने के घंटों का 10% हम दिन के दौरान किसी न किसी रूप में प्रार्थना करने का प्रयास करें। वह लगभग छह मिनट प्रति घंटा है। प्रभु के साथ कुछ शांत समय बिताते हुए, सुबह की भेंट और मरियन अभिषेक के साथ दिन की शुरूआत करें। सबसे पवित्र रोज़री (माला) के एक हिस्से की प्रतिदिन प्रार्थना करें जैसा कि हमारी माता मरियम हमसे कहती हैं। हम इसकी प्रार्थना तब कर सकते हैं जब हम चलते हैं या व्यायाम करते हैं, या काम पर या स्कूल जाते हैं। चर्च द्वारा साप्ताहिक जन-सभा की आवश्यकता होती है। दैनिक जन-सभा एक अद्भुत अनुशासन है यदि हमारा समय इसकी अनुमति देता है, लेकिन साथ ही परम प्रसाद प्रभु को सप्ताह के दौरान चर्च में कुछ मिनटों के लिए भेंट देना है। दिन या रात के किसी भी समय उजागर यूचरिस्ट के सामने आराधना में एक घंटा बिताना एक उत्कृष्ट भक्ति है। देवदूत प्रार्थना करने के लिए दोपहर का समय अच्छा है और दोपहर के तीन बजे ईश्वरीय दया की माला के लिए उपयुक्त है। अंत में, शाम हमारी अंतरात्मा की दैनिक परीक्षा और हमारे अभिभावक देवदूत की प्रार्थना के लिए सबसे अच्छी है। (परिशिष्ट) मासिक मेल-मिलाप या स्वीकारोक्ति की सिफारिश की जाती है।

मरियम के माध्यम से यीशु को प्रार्थना का यह उपहार आपके विश्वास को मजबूत करेगा, आपको सद्गुण में बढ़ने में मदद करेगा, और आपको इतने आशीर्वादों के लिए खोलेगा कि आप उन्हें गिन ही नहीं पायेंगे। यह प्रार्थना अनुशासन आपको अपने पापों और दूसरों के लिए बस अपनी सारी प्रार्थनाओं, कार्यों, खुशियों और कष्टों को मरियम के माध्यम से यीशु को देकर अपने सभी कष्टों को परमेश्वर के लिए एक मधुर बलिदान में बदलने में मदद करेगा। अपने पूरे जीवन में एक बेहतर प्रार्थना करने वाले बनने के लिए कार्य करें। सरलता से शुरुआत करें और मरियम को समय के साथ इसे बढ़ाने में आपकी मदद करने दें। प्रार्थना करना कभी बंद न करें!!!

अभिषेक का सिद्धांत: मरियम के प्रेम का "साधन" बनें। कई संत, विशेष रूप से संट मैक्सिमिलियन कोल्बे, मरियम के हाथों में आत्माओं के उद्धार के लिए एक साधन बनना चाहते थे। (20) यह आपकी इच्छा के विरुद्ध दूसरे द्वारा "इस्तेमाल किये जाने" के समान नहीं है जैसा हमने

पिछले रहस्य में चर्चा की थी। मरियम का साधन बनना एक स्वतंत्र इच्छित उपहार है जिसे हम प्रतिदिन उन्हें अर्पित करते हैं और जिसका वह ख़ुशी से स्वागत करती हैं। वह जानती है कि हमें क्या चाहिए और हमारे प्रार्थना के इरादे क्या हैं और वह जानती है कि हम उसकी कमजोर आत्माओं, उसके भटके हुए बच्चों को बचाने में मदद करना चाहते हैं। यह एक सुंदर उपहार है और कई संतों द्वारा इसकी अत्यधिक अनुशंसा की जाती है। यह हमारी स्वयं की प्रार्थना के इरादों को बढ़ाता है; हालांकि, हमें प्रतिदिन मरियम को यह अनुमति देनी चाहिए, उदाहरण के लिए हमारी सुबह की प्रार्थना के साथ।

संतों की गवाही:

1. **सेंट अल्बर्ट द ग्रेट (1193-1280)** "यीशु मसीह के बाद, दिव्य माँ उन सभी की प्रार्थना में सबसे परिपूर्ण थी जो कभी थे या कभी होंगे। मरियम की प्रार्थना निरंतर और दृढ़ थी!" (3)
2. **सेंट लुईस ग्रिग्नीयन डी मोंटफोर्ट (1673-1716)** "अपने सांसारिक जीवन के दौरान, मरियम निरंतर प्रार्थना में रहीं। इसलिए, जो उसके प्रति समर्पित हैं, उनको प्रार्थना–और निरंतर प्रार्थना करनी चाहिए।" (3)
3. **सेंट जोसफ मारिया एस्क्रीवा (1902-1975)** "क्या आप माँ मरियम से प्रेम करना चाहते हैं? तो ठीक है, उसे जानो। कैसे? रोज़री की प्रार्थना करके। (27)

सदाचार पर प्रकाश: यीशु, परमेश्वर का पुत्र, अपने शिष्यों के पैर धोकर बड़ी विनम्रता और दया दिखाता है। हमें, उसके शिष्यों को, उसके गुणों का अनुकरण करना चाहिए, जो हम केवल उसकी कृपा से ही कर सकते हैं।

सप्ताह की आज्ञा: आठवीं आज्ञा: "**अपने पड़ोसी के विरुद्ध झूठी गवाही मत दो।**" (निर्गमन 20:16) आठवीं आज्ञा दूसरों के साथ हमारे संबंधों में सच्चाई को गलत तरीके से प्रस्तुत करने से मना करती है। यह नैतिक तरीका पवित्र लोगों के आह्वान से उत्पन्न होता है जो अपने परमेश्वर की गवाही देते हैं, जो सत्य है और सत्य की इच्छा रखता है।" (6, #2464) यदि हम अपने विचारों में परोपकारी हैं, तो हम अपने शब्दों या कर्मों में संगदिल नहीं होंगे; इस तरह, यह सब हमारे हृदय के भीतर से प्रवाहित होता है। सेंट जेम्स हमें पवित्रशास्त्र में बताते हैं, "**हर प्रकार के पशु और**

पक्षी, रेंगने वाले और जलचर जीवजन्तु- सब-के-सब मानव जाति द्वारा वश में किये जा सकते हैं या वश में किये जा चुके हैं, किन्तु कोई मनुष्य अपनी जीभ को वश में नहीं कर सकता। वह एक ऐसी बुराई है, जो कभी शान्त नहीं रहती और प्राणघातक विष से भरी हुई है। हम उस से अपने प्रभु एवं पिता की स्तुति करते हैं और उसी से मनुष्यों को अभिशाप देते हैं, जिन्हें ईश्वर ने अपना प्रतिरूप बनाया है। एक ही मुख से स्तुति भी निकलती है और अभिशाप भी। मेरे भाइयो! यह उचित नहीं है। (याकूब 3:7-10) इस आज्ञा के विरुद्ध बहुत से पाप पीढ़ी दर पीढ़ी चले आते हैं, इसलिए जब हम अपने हृदय में उनके विरुद्ध लड़ते हैं, तो हमारे बच्चों और नाती-पोतों को भी लाभ होता है।

प्रायोजक और/या अभिभावक के साथ हमारे विश्वास को साझा करना: हम अपने प्रार्थना के समय को बढ़ाने की योजना कैसे बना सकते हैं ताकि हम अपने जागने के समय का 10% प्रार्थना में प्रभु को समर्पित करें?

कार्य: इस अध्याय को एक साथ पढ़ें और अगले सात दिनों में प्रायोजक या परिवार के साथ प्रतिदिन कम से कम दस बार जोर से प्रार्थना करें। आपकी ओर से मरियम को एक सक्रिय और बलिदानपूर्ण उपहार के रूप में अपनी दैनिक माला(रोजरी) अर्पित करें - वह इसे प्यार करती है और आपको आशीर्वाद देगी। हर सुबह दैनिक अभिषेक प्रार्थना दोहराएं:

पाँच दुखद रहस्यों के लिए अभिषेक की दैनिक प्रार्थना

"हे मरियम, मैं स्वयं को आपके हाथों में सौंपता हूँ। मैं आपको अपना शरीर और अपनी आत्मा, अपने विचार और अपने कार्य, अपना जीवन और अपनी मृत्यु देता हूँ। यीशु को सभी चीजों से ऊपर प्यार करने में मेरी मदद करें। हे मरियम, मैं अपने आप को पूरी तरह से आपके हाथों से और आपके उदाहरण के अनुसार परमेश्वर को अर्पित करता हूँ। वह मेरे लिए जो कुछ भी चाहता है, मैं उसे स्वीकार करता हूँ और आपसे इस संकल्प के प्रति वफादार रहने के लिए कहता हूँ।" (फादर चार्ल्स जी. फेरेनबैक, सी.एस.एस.आर) (3)

टिप्पणियाँ:

सप्ताह 12
स्तंभ पर यीशु को कोड़े मारना

आत्मा का फल: पवित्रता (10)

पवित्रशास्त्र: पिलातुस ने फिर भीड़ से पूछा, "तो, मैं इस मनुष्य का क्या करूँ, जिसे तुम यहूदियों का राजा कहते हो?"

लोगों ने उत्तर दिया, "इसे क्रूस दिया जावे"।

पिलातुस ने कहा, "क्यों? इसने कौन-सा अपराध किया?" किन्तु वे और भी जोर से चिल्ला उठे, "इसे क्रूस दिया जाये"।

तब पिलातुस ने भीड़ की माँग पूरी करने का निश्चय किया। उसने उन लोगों के लिए बराब्बस को मुक्त किया और इसा को कोड़े लगवा कर क्रूस पर चढ़ाने सैनिकों के हवाले कर दिया। (मारकुस 15:12-15)

प्रतिबिंब: वर्तमान क्षण में रहो; वहीं आपको दुःख सहने का अनुग्रह मिलेगा

याजकों को अपने फसह के मेमने को बलि पर चढ़ाने के लिए यहूदियों ने जो पहला काम किया था, वह यह था कि उसकी खाल उतारें और महायाजक को उसकी सेवकाई के बदले में वह खाल दें। (28) यीशु अनिवार्य रूप से 40 चाबुकों के साथ "चमड़ी" था जिसमें हड्डी के नुकीले टुकड़े जुड़े हुए थे; रोमनों के द्वारा त्वचा को फाड़ने और बहुत दर्द देने के लिए बनाया गया। यह सार्वजनिक रूप से रोमन कानून के अनुसार चाबुक की संख्या के साथ सावधानी से विनियमित किया गया था। ध्वजारोहण के दौरान कुछ पुरुषों की मृत्यु हो गई; दर्द असहनीय था, और यीशु को इसे सार्वजनिक रूप से नग्न और सम्पूर्ण गरिमा को खोकर करना पड़ा। फसह का मेमना खाल उतारे जाते समय मरा हुआ था; यीशु जीवित था। उसने आपके और मेरे लिए यह सहन किया। पाप के बहुत गंभीर परिणाम होते हैं क्योंकि यह बहुत गंभीर होता है।

क्या हम यीशु का बचाव करने को तैयार हैं? उसे तिरस्कृत किया गया और हमारे लिए सार्वजनिक तौर पर शर्मिंदा करने के लिए उसे कोड़े मारे गए। उसने पवित्र शास्त्र में कहा, ""**जो मुझे मनुष्यों के सामने स्वीकार करेगा, उसे मैं भी अपने स्वर्गिक पिता के सामने स्वीकार करूँगा। जो मुझे मनुष्यों के सामने अस्वीकार करेगा, उसे मैं भी अपने स्वर्गिक पिता के सामने अस्वीकार करूँगा।**" (मत्ती 10: 32,33)

जब हम दशक की प्रार्थना करें तो अपने मन से इस दृश्य की कल्पना करके, हम कुछ पाठों के बारे में सोच सकते हैं। सेंट थॉमस एक्विनास हमें स्वयं से पूछना सिखाते हैं कि यीशु क्या कर रहा है और वह प्रत्येक दृश्य में क्या नहीं कर रहा है। वह भाग नहीं रहा है और न ही पीछे हट रहा है। वह अपने पिता का धन्यवाद कर रहा **है**, अपने शत्रुओं को क्षमा कर रहा है और धैर्यपूर्वक अपने पिता पर उसे बचाने के लिए भरोसा कर रहा है। यीशु यह बलिदान हम सभी के लिए स्वयं के पूर्ण उपहार के रूप में परमेश्वर को दे रहा है। (29)

मरियम उसके कोड़ों को देख रही थी और हर क्षण में उसकी पीड़ा में शामिल थी। उसे अपने हत्यारों को लगातार माफ़ भी करना पड़ा, जो कि कहीं अधिक मुश्किल काम था। जब हम अपने हृदयों को यीशु और मरियम के संयुक्त हृदयों से जोड़ते हैं, तो हम उनके थोड़े से दर्द का अनुभव कर सकते हैं जब हम इस रहस्य की प्रार्थना करते हैं या इसे फिल्मों में फिर से प्रदर्शित होते हुए देखते हैं।

अभिषेक का सिद्धांत: वर्तमान क्षण में जियो। जब हम रोज़री की प्रार्थना करते हैं तो मरियम से हमें वर्तमान क्षण में रखने के लिए कहें। जब हम दर्द में होते हैं या असहज स्थिति में होते हैं, तो हम अपने दिमाग में या तो भविष्य में या अतीत में जाकर वर्तमान क्षण से बचने की कोशिश करते हैं। इसके अलावा, हम वर्तमान दर्दनाक वास्तविकता से बचने की कोशिश करने के लिए भोजन, शराब या नशीली दवाओं जैसे पदार्थों का उपयोग भी करते हैं। जब हम ऐसा करते हैं, तो हम विशेष रूप से इस वर्तमान क्षण को सहन करने में हमारी मदद करने के लिए बने दिव्य अनुग्रह को खो देते हैं। बिशप फुल्टन शीन ने एक बार एक वीडियो पर कहा था, "शैतानी क्रूस का परिहार है!" यीशु कोड़े मारने के दौरान इस मानवीय प्रवृत्ति का विरोध कर रहा है। वह कोड़े की एक-एक चोट को पिता के उपहार के रूप में स्वीकार कर रहा है। वह वर्तमान

PAUL E. CRANLEY (पॉल इ. क्रेनली)

क्षण में है और हर पल को सहन करने के लिए स्वर्ग द्वारा दिए गए क्षण के उपहार और दिव्य कृपा को बर्बाद नहीं कर रहा है। वह प्रत्येक वर्तमान क्षण के लिए हाँ कह रहा है और हमें एक उदाहरण दिखा रहा है जिसका हमें अनुसरण करना चाहिए।

जब हम जन-सभा में होते हैं या प्रार्थना करते हैं, तो क्या हम अपने मन को भटकने देते हैं? क्या हम इन विकर्षणों के विरुद्ध लड़ते हैं या परमेश्वर के उपहार से खुद को वंचित कर लेते हैं? प्रत्येक वर्तमान क्षण पूरी तरह से अनूठा है और इसे कभी दोहराया नहीं जाएगा। हमारे सुखी वर्तमान क्षण जुड़कर हमारे अनंत काल का निर्माण करेंगे। हर एक की सराहना करने के लिए यीशु और मरियम के संयुक्त हृदयों से कृपा करने को कहें। विनम्र कृतज्ञता हमेशा प्रत्येक वर्तमान क्षण के लिए उचित प्रतिक्रिया होती है।

वर्तमान क्षण के एक उदाहरण के रूप में, मरियम का अपने शिशु यीशु के साथ समय बिताने के बारे में सोचें। घर में एक नवजात बच्चे के बारे में कुछ ऐसा है जो हमें इन शोरगुल, लेकिन असहाय शिशुओं की जरूरतों पर 100% ध्यान केंद्रित करने की मांग करता है। अगर हम भविष्य या अतीत पर ध्यान केंद्रित करते हुए दिवास्वप्न देखने लगे, तो बच्चा कुछ ऐसा कर सकता है जो उसे नुकसान पहुंचा सकता है। मरियम हर वर्तमान क्षण में शिशु यीशु पर 100% ध्यान देती है। उसके लिए अन्य कुछ भी महत्वपूर्ण नहीं है। हर पल यीशु की जरूरतों के लिए समर्पित है और उसे यह जानने के लिए विवेक का हर अनुग्रह दिया जाता है कि उसे पल-पल क्या चाहिए। इस दृश्य में, माता मरियम यीशु को अपना संपूर्ण उपहार देती है। वह सक्रिय रूप से परमेश्वर के सामने विनती कर रही है ताकि हमें वह मिलता रहे जिसकी हमें आवश्यकता है। मरियम सभी की माता हैं, इसलिए स्वर्ग में, वह हम सभी के साथ एक साथ समय बिताने में सक्षम हैं क्योंकि स्वर्ग में समय या स्थान की सीमाएँ नहीं हैं।

हम प्रत्येक दशक के अंत में "परमेश्वर की जय" कहते हैं, चाहे वे हर्षित हों या दुखदाई रहस्य। यह प्रार्थना हमें अपने जीवन में सभी क्षणों के लिए आभारी होने के लिए बुलाती है। मैरियन अभिषेक में मरियम और यीशु के संयुक्त हृदयों के साथ अपने हृदयों को जोड़ने से, हम वर्तमान क्षण को सहन करने के लिए आवश्यक अनुग्रह प्राप्त करेंगे और हमारे द्वारा थामे गए प्रत्येक क्रॉस के कारण को देखने की बुद्धि हमें दी जाएगी।

संतों की गवाही:

1. **सेंट कैथरीन सिएना (1347-1380)** "उस प्यारी मरियम का सहारा लें जो दया की माता है। वह आपको अपने बेटे की उपस्थिति में ले जाएगी और आपकी ओर से उसके साथ अपनी मातृ मध्यस्थता का उपयोग करेगी, ताकि वह आपके प्रति दयालु हो।"(3)
2. **सेंट मैक्सिमिलियन कोल्बे (1894-1941)** "सबसे पहले हमें खुद को इमैकुलाटा के लिए देना चाहिए, इससे वह हम में और हमारे माध्यम से दूसरों में काम कर सकती है। आइए हम उसके नजदीक आएं और उसके गुणों का अनुकरण करें, ताकि हम उसे अनंत काल तक देखने के योग्य बन सकें।" (20)
3. **सेंट जॉन पॉल ll (1920-2005)** "जो परिवार एक साथ प्रार्थना करता है, वह एक साथ रहता है। सदियों पुरानी परंपरा के अनुसार पवित्र रोज़री ने खुद को प्रार्थना के रूप में विशेष रूप से प्रभावी दिखाया है जो परिवार को एक साथ लाती है। व्यक्तिगत परिवार के सदस्य, यीशु की तरफ निगाह डालने, एक दूसरे की आँखों में देखने, संवाद करने, एकजुटता दिखाने, एक दूसरे को क्षमा करने और ईश्वर की आत्मा में अपने प्रेम के समझौते को नए सिरे से देखने की योग्यता भी प्राप्त करते हैं।" (12)

सदाचार पर प्रकाश: यीशु खंभे पर अपने कोड़ों को स्वतंत्र रूप से सहते हुए नम्रता, दृढ़ता और करुणा के गुणों का अभ्यास करता है।

सप्ताह की आज्ञा: नौवीं आज्ञा: "**न तो अपने पड़ोसी की पत्नी का - उसकी किसी भी चीज का लालच मत करो।" जो बुरी इच्छा से किसी स्त्री पर दृष्टि डालता है वह अपने मन में उसके साथ व्यभिचार कर चुका है।**" (निर्गमन 20:17, मत्ती 5:28, 6, #2514) वासना हमेशा हृदय में शुरू होती है और हमारे कार्यों में प्रवाहित होती है। अपने अपवित्रता के पापों को वश में करने के लिए, हमें अपने हृदयों को परिवर्तित करना चाहिए। अगर हम उससे पूछें तो हमारी बेदाग माँ हमारी मदद करेगी। आधुनिक मीडिया इस आज्ञा के विरुद्ध पापों के संबंध में हमारे हृदयों के विरुद्ध चौतरफा युद्ध छेड़ता है। हमें सबसे पहले अपनी आंखों को नियंत्रित करने की आवश्यकता है, खासकर जब वे अशुद्ध ऑनलाइन छवियों पर केंद्रित हों। जो लोग विवाह नहीं करते हैं लेकिन विवाह के आध्यात्मिक

लाभ के बिना एक साथ रहते हैं वे खुद को इस आज्ञा का उल्लंघन करने वाले पापों से बचाव की कृपा से वंचित कर रहे हैं।

प्रायोजक और/या माता-पिता के साथ अपने विश्वास को साझा करना: जब हम ड्राइव करते हैं, तो हमें अपने सामने वाली सड़क पर ध्यान केंद्रित करने की आवश्यकता होती है, न कि उस सड़क के बारे में सोचने की जो अभी-अभी गुज़री है या वह सड़क जो अभी आनी बाकी है। क्या आप अपनी प्रार्थना करने या जन-सभा में भाग लेने के वर्तमान क्षण से विचलित हो जाते हैं? क्या यीशु अपनी सबसे शक्तिशाली प्रार्थना, खुद को क्रूस पर चढ़ाए जाने के दौरान विचलित था? कदापि नहीं! आप इन विकर्षणों का मुकाबला कैसे कर सकते हैं और फिर भी वर्तमान क्षण में बने रह सकते हैं, स्वर्ग द्वारा प्रदान किए गए अनुग्रहों का दोहन कर सकते हैं?

कार्य: इस अध्याय को एक साथ पढ़ें और अगले सात दिनों में प्रायोजक या परिवार के साथ प्रतिदिन कम से कम दस बार जोर से प्रार्थना करें। हर सुबह दैनिक अभिषेक प्रार्थना दोहराएं।

पाँच दुखद रहस्यों के लिए अभिषेक की दैनिक प्रार्थना

"हे मरियम, मैं स्वयं को आपके हाथों में सौंपता हूँ। मैं आपको अपना शरीर और अपनी आत्मा, अपने विचार और अपने कार्य, अपना जीवन और अपनी मृत्यु देता हूँ। यीशु को सभी चीजों से ऊपर प्यार करने में मेरी मदद करें। हे मरियम, मैं अपने आप को पूरी तरह से आपके हाथों से और आपके उदाहरण के अनुसार परमेश्वर को अर्पित करता हूँ। वह मेरे लिए जो कुछ भी चाहता है, मैं उसे स्वीकार करता हूँ और आपसे इस संकल्प के प्रति वफादार रहने के लिए कहता हूँ।" (फादर चार्ल्स जी. फेरेनबैक, सी.एस.एस.आर) (3)

टिप्पणियाँ :

सप्ताह 13
काँटों वाला मुकुट

आत्मा का फल: साहस (10)

पवित्र शास्त्र: तब पिलातुस ने ईसा को ले जा कर कोडे लगाने का आदेश दिया। सैनिकों ने काँटों का मुकुट गूँथ कर उनके सिर पर रख दिया और उन्हें बैंगनी कपडा पहनाया। फिर वे उनके पास आ-आ कर कहते थे, "यहूदियों के राजा प्रणाम!" और वे उन्हें थप्पड मारते जाते थे।

पिलातुस ने फिर बाहर जा कर लोगों से कहा, "देखो मैं उसे तुम लोगों के सामने बाहर ले आता हूँ, जिससे तुम यह जान लो कि मैं उस में कोई दोष नहीं पाता"। तब ईसा काँटों का मुकुट और बैगनी कपडा पहने बाहर आये। पिलातुस ने लोगों से कहा, "यही है वह मनुष्य!"

महायाजक और प्यादे उन्हें देखते ही चिल्ला उठे, "इसे क्रूस दीजिये! इसे क्रूस दीजिये!" पिलातुस ने उन से कहा, "इसे तुम्हीं ले जाओ और क्रूस पर चढाओ। मैं तो इस में कोई दोष नहीं पाता।" (Jn. 19:1-6) (योहन 19:1-6)

प्रतिबिंब: हर वर्तमान क्षण के लिए आभारी रहते हुए पापियों के लिए यीशु और मरियम को एक उपहार के रूप में सभी दर्द* अर्पित करें।*सभी जानबूझकर किये गए दुर्व्यवहार की सूचना माता-पिता या वैध प्राधिकारी को दी जानी चाहिए)

हमारे प्रभु को कोड़े मारने का कार्य रोमन सजा का एक रूप था, जिसे कड़े नियमों के अनुसार और सार्वजनिक रूप से किया जाता था, जहां सभी साक्षी हो सकते थे। इस प्रकार, यीशु पर सार्वजनिक रूप से छड़ों और चाबुकों का उपयोग करके पूर्वनिर्धारित संख्या में वार किए गए। हालांकि, कांटों वाला मुकुट और सैनिकों द्वारा उपहास एक अलग और कम सार्वजनिक स्थान जैसे कि एक बैरक या स्नानागार में किया गया था, जहां पिलातुस के साथ एक अन्य सार्वजनिक बैठक के लिए कोड़े मारने के बाद सैनिक उसे साफ कर रहे थे।

हो सकता है कि इस घटना की निगरानी न की गई हो और सबसे अधिक संभावना है कि यह एक अनावश्यक घटना थी जहाँ सैनिकों ने बिना किसी निगरानी के यीशु को तड़पाया और उसका मजाक उड़ाया।

रोमन सैनिकों को यहूदी लोगों से कोई प्रेम नहीं होता। कांटों के साथ यह मुकुट "कष्टदायी" रहा होगा, जो कि क्रॉस के लिए लैटिन भाषा से लिया गया शब्द है। उस क्रूरता और घृणा की कल्पना कीजिए जो हमारे प्रभु को लेकर प्रसारित की गई थी। उन्होंने हम सबके लिए यह सब सहा। हम इसके लायक थे, जबकि वह नहीं थे।

शारीरिक दर्द के अलावा, हमें उस मानसिक पीड़ा को भी याद रखना चाहिए, जिसे मानसिक बीमारियों, अस्वास्थ्यकर संबंधों या प्रियजनों के नुकसान के कारण हर जगह लोगों द्वारा अनुभव किया जाता है। हमारे प्रभु को सांत्वना देने और हमारे लिए यह सब सहने के लिए उसे धन्यवाद देने का सबसे अच्छा तरीका क्या है? उसे अपने दिल के राजा का ताज पहनाएं ताकि आप अपना जीवन उसके साथ अपने प्रभु और उद्धारकर्ता के रूप में जी सकें। माँ मरियम, जिसने बच्चे यीशु को प्यार करना सिखाया, वह यीशु की तरह हमें भी प्यार करना सिखाएगी; यदि हम उनसे हमें सिखाने के लिए कहें, तो वे हमें परमेश्वर की कृपा में रखेंगे। चलिए आज उनसे पूछते हैं।

अभिषेक का सिद्धांत: सभी पीड़ाओं के प्रति समर्पण, चाहे वह शारीरिक, आध्यात्मिक या भावनात्मक हो। शिकायत न करें बल्कि माँ मरियम के माध्यम से इसे यीशु को एक उपहार के रूप में अर्पित करें जो आपके बलिदानों को बढ़ाएगा और गरीब आत्माओं को बचाएगा। जब हम बीमार होते हैं या दर्द में होते हैं तो हम दवाएं ले सकते हैं और फिर भी उपहार के रूप में इसे पूरा कर सकते हैं। हम इसे अपनी दैनिक मैरियन अभिषेक प्रार्थनाओं में कहते हैं। हम इस सिद्धांत को जीने की कोशिश करते हैं, जैसा कि हम समझते हैं कि यह वही है जो मसीह ने किया था जब सैनिकों ने उसे ताज पहनाया और उसका मजाक उड़ाया। हम यीशु का अनुकरण करते हैं जिन्होंने अपनी माँ सहित हम में से प्रत्येक के लिए शिकायत किए बिना अपना सारा कष्ट झेला। पवित्र शास्त्र हमें बताता है, "हम प्रेम का मर्म इस से पहचान गये कि ईसा ने हमारे लिए अपना

जीवन अर्पित किया और हमें भी अपने भाइयों के लिए अपना जीवन अर्पित करना चाहिए।" (1 योहन 3:16) इस पवित्र शास्त्र का अनुसरण करने के लिए मरियम हमारे लिए उदाहरण है; उसने वचन को जीते हुए अपने पुत्र के साथ क्रूस के मार्ग पर चलते हुए यही किया: "अतः भाइयो! मैं ईश्वर की दया के नाम पर अनुरोध करता हूँ कि आप मन तथा हृदय से उसकी उपासना करें और एक जीवन्त, पवित्र तथा सुग्राह्य बलि के रूप में अपने को ईश्वर के प्रति अर्पित करें...."। (रोमियों 12:1)

संतों की गवाही:

1. **पॉप बेनेडिक्ट XV (1854-1922)**
   "मरियम ने उदारतापूर्वक अपने पुत्र को परमेश्वर के न्याय को पूरा करने के लिए बलिदान के रूप में अर्पित किया। इसलिए हम वास्तव में कह सकते हैं कि उसने मसीह के साथ मिलकर मानव जाति के उद्धार में सहयोग किया।" (3)

2. **संेट मैक्सिमिलियन कोल्बे (1894-1941)** "क्रॉस प्रेम की पाठशाला है। हमें याद रखना चाहिए कि प्रेम जीवित रहता है और बलिदानों से पोषित होता है ... किसी आत्मा को बचाने का सबसे छोटा तरीका उसे कम से कम कुछ हासिल करने या पीड़ित होने के लिए प्रेरित करना है, भले ही इमैकुलाटा, सर्वशक्तिमान परमेश्वर की इच्छा द्वारा स्वर्ग और पृथ्वी की सबसे दयालु रानी के लिए मामूली ही हो।"(20, पृष्ठ. 108, 69)

3. **संेट जॉन पॉल II (1920-2005)** "माला की प्रार्थना करना हमारे बोझ को मसीह और उसकी माँ के दयालु हृदयों को सौंपना है।" (12)

सदाचार पर प्रकाश: यीशु अपने शत्रुओं के लिए प्रार्थना करता है, भले ही वे उसे काँटों से सजाते हैं और उसका मजाक उड़ाते हैं।

सप्ताह की आज्ञा: दसवीं आज्ञा: "**उसकी किसी भी चीज का लालच मत करो। क्योंकि जहाँ तुम्हारी पूँजी है, वही तुम्हारा हृदय भी होगा।'"**

(निर्गमन 20: 17, मत्ती 6:21) दसवीं आज्ञा नौवीं की व्याख्या करती है और उसे पूरा करती है, जो देह की लालसा से संबंधित है। यह चोरी, डकैती और धोखाधड़ी की जड़ के रूप में दूसरे के सामान का लालच करने से मना करती है, जिसे सातवीं आज्ञा मना करती है। "आँखों की वासना" पाँचवीं आज्ञा द्वारा निषिद्ध हिंसा और अन्याय की ओर ले जाती है। व्यभिचार की तरह लालच, मूर्तिपूजा में उत्पन्न होता है जो कानून के पहले तीन आदेशों द्वारा निषिद्ध है। दसवीं आज्ञा हृदय के इरादों से संबंधित है; नौवें के साथ, यह कानून के सभी नियमों का सारांश देती है। (6,#2534, 1 Jn. 2:16, Mic. 2:2, Wis. 14:12) कुछ पहले के धर्मशिक्षा समूह नौवीं और दसवीं आज्ञाओं को एक साथ रखते हैं और ध्यान देते हैं कि "इन दो उपदेशों में जो आज्ञा दी गई है वह इसके बराबर है: पूर्ववर्ती आज्ञाओं का पालन करने के लिए, हमें विशेष रूप से लालच न करने के लिए सावधान रहना चाहिए। क्योंकि जो लोभ नहीं करता, और जो उसके पास है, उसी में सन्तुष्ट रहता है, वह दूसरों की वस्तुओं की भी लालसा नहीं करेगा, परन्तु उनकी भलाई में आनन्दित होते हुए, परमेश्वर की महिमा करेगा। (13)

प्रायोजक और/या माता-पिता के साथ अपने विश्वास को साझा करना: यीशु या मरियम को उपहार के रूप में चोट, असुविधा या अपमान की पेशकश करने में आपने व्यक्तिगत रूप से किस मूल्य का अनुभव किया है? यह बलिदान का उपहार हमारी प्रार्थनाओं को कैसे बढ़ाता है? जब आप अपनी अंतरात्मा की दैनिक परीक्षा करते हैं तो अपने दिन के हर पल के लिए आभारी रहें।

कार्य: इस अध्याय को एक साथ पढ़ें और अगले सात दिनों में प्रायोजक या परिवार के साथ प्रतिदिन कम से कम दस बार प्रार्थना करें। आपकी ओर से मरियम को एक सक्रिय और बलिदानपूर्ण उपहार के रूप में अपनी दैनिक माला पेश करें—वह इसे प्यार करती है और आपको आशीर्वाद देगी। हर सुबह दैनिक अभिषेक प्रार्थना दोहराएं।

PAUL E. CRANLEY (पॉल इ. क्रेनली)

पाँच दुखद रहस्यों के लिए दैनिक अभिषेक प्रार्थना

"हे मरियम, मैं स्वयं को आपके हाथों में सौंपता हूँ। मैं आपको अपना शरीर और अपनी आत्मा, अपने विचार और अपने कार्य, अपना जीवन और अपनी मृत्यु देता हूँ। यीशु को सभी चीजों से ऊपर प्यार करने में मेरी मदद करें। हे मरियम, मैं अपने आप को पूरी तरह से आपके हाथों से और आपके उदाहरण के अनुसार परमेश्वर को अर्पित करता हूँ। वह मेरे लिए जो कुछ भी चाहता है, मैं उसे स्वीकार करता हूँ और आपसे इस संकल्प के प्रति वफादार रहने के लिए कहता हूँ।" (फादर चार्ल्स जी. फेरेनबैक, सी.एस.एस.आर)

टिप्पणियाँ:

सप्ताह 14

क्रूस को उठाना

आत्मा का फल: धीरज (10)

पवित्र शास्त्र: वे ईसा को ले गये और वह अपना क्रूस ढोते हुये खोपडी की जगह नामक स्थान गये। इब्रानी में उसका नाम गोलगोथा है। (योहन 19:17)

जो मनुष्य विद्रोह और हत्या के कारण क़ैद किया गया था और जिसे वे छुड़ाना चाहते थे, उसने उसी को रिहा किया और ईसा को लोगों की इच्छा के अनुसार सैनिकों के हवाले कर दिया।

जब वे ईसा को ले जा रहे थे, तो उन्होंने देहात से आते हुए सिमोन नामक कुरेने निवासी को पकड़ा और उस पर क्रूस रख दिया, जिससे वह उसे ईसा के पीछे-पीछे ले जाये।

लोगों की भारी भीड़ उनके पीछे-पीछे चल रही थी। उन में नारियाँ भी थीं, जो अपनी छाती पीटते हुए उनके लिए विलाप कर रही थी।

ईसा ने उनकी ओर मुड़ कर कहा, "येरूसालेम की बेटियो ! मेरे लिए मत रोओ। अपने लिए और अपने बच्चों के लिए रोओ, क्योंकि वे दिन आ रहे हैं, जब लोग कहेंगे-धन्य हैं वे स्त्रियाँ, जो बाँझ है; धन्य हैं वे गर्भ, जिन्होंने प्रसव नहीं किया और धन्य है वे स्तन, जिन्होंने दूध नहीं पिलाया!

तब लोग पहाड़ों से कहने लगेंगे-हम पर गिर पड़ों, और पहाड़ियों से-हमें ढक लो;

क्योंकि यदि हरी लकड़ी का हाल यह है, तो सूखी का क्या होगा?"

वे ईसा साथ दो कुकर्मियों को भी प्राणदण्ड के लिए ले जा रहे थे। (लूकस 23: 25-32)

प्रतिबिंब: "**इसके बाद ईसा ने अपने शिष्यों से कहा, "जो मेरा अनुसरण करना चाहता है, वह आत्मत्याग करे और अपना क्रूस उठा कर मेरे पीछे हो ले।**" (मत्ती 16:24 एवं लूकस 9:23) यीशु अपनी मृत्यु की ओर यात्रा करते हुए अपना बोझ उठाता है। रास्ते में, वह कई लोगों से मिलता है और अपनी पीड़ा के बावजूद दोस्त और दुश्मन को समान रूप से आशीर्वाद देता है। "**और लोगों की बड़ी भीड़ उसके पीछे हो ली: और बहुत सारी स्त्रियाँ भी, जो उसके लिये छाती-पीटती और विलाप करती थीं।**" कुछ अनुयायी उसे आशीर्वाद देते हैं, एक उसकी उसके क्रॉस के साथ मदद करता है, दूसरे उसे अपनी दया और करुणामय आँसुओं से आशीर्वाद देते हैं। कुछ अब संत हैं या उनके विश्वास के लिए याद किए जाते हैं: सेंट वेरोनिका, सेंट जॉन, सेंट मैरी मैग्डलीन, द गुड थीफ और सेंचुरियन लॉन्गिनस। रोती हुई माताओं के लिए उसकी सलाह सदियों से माताओं की पुकार रही है - अपने बच्चों के लिए प्रार्थना करना और अपने परिवारों के लिए परमेश्वर को अपना क्रूस अर्पित करना। साइरेन के अनिच्छुक शमौन, जिसने यीशु को अपना क्रूस उठाने में मदद की, के प्रयासों का उनके दो पुत्रों, सिकंदर और रूफस पर सकारात्मक प्रभाव पड़ा, जो पहली शताब्दी में ईसाई बन गए और क्रूसीकरण की सच्चाई के प्रत्यक्ष गवाह बने।

यीशु तीन बार गिरता है। ये गिरना हमें प्रोत्साहन देता है कि जब हम गिरते हैं, वह हमारे दर्द को जानता है और फिर से उठने में हमारी मदद करने के लिए हमेशा मौजूद रहेगा, चाहें हम कितनी बार भी गिरें। हम जीवन के माध्यम से अपने शाश्वत विश्राम स्थान की तरफ इसी यात्रा पर हैं। कैसे हम साहसपूर्वक अपने क्रूस को गले लगाते हैं, कैसे हम परमेश्वर को और रास्ते में मिलने वाले लोगों को आशीर्वाद देते हैं, और कैसे हम कुछ लोगों द्वारा आशीष प्राप्त करते हैं और दूसरों द्वारा तिरस्कृत होते हैं, यह सब हमारी यात्रा का हिस्सा है। हमारा जीवन आसान नहीं है; हम संतों के साथ एक पहाड़ पर चढ़ रहे हैं और हमें रास्ते में हर मोड़ पर मदद और अर्थ तलाशने की जरूरत है।

सबसे मार्मिक मुलाकात उसकी माता मरियम के साथ है, जिन्होंने उसे जन्म देकर जीवन दिया और 30 साल की उम्र में उसे दुनिया को दे दिया। यह दृश्य संयुक्त हृदयों की शक्ति को दर्शाता है, जो मैरियन

अभिषेक के पीछे की दिव्य शक्ति है। मरियम यीशु का अनुसरण करती है और उसके साथ इस यात्रा पर चलती है, उसे सांत्वना देती है, उसका समर्थन करती है, और वह हमेशा उसके साथ हृदय से जुड़ी रहती है।

एम्मानुएल, परमेश्वर हमारे साथ। जब दो, हृदय से एकजुट होकर, एक साथ प्रार्थना करते हैं, तो ईश्वर उन्हें शक्ति और अनुग्रह देते हुए उन्हें एक साथ मिलाते हैं। जब यीशु गिरता है, तो वह उसे पकड़ना चाहती है; जब वे उसे सूली पर चढ़ाते हैं, तो वह हर कील को महसूस करती है। जब उसे सूली पर नग्न लटकाया जाता है, तो वह उसे अपने आवरण से ढक लेती है। जब वे उसके शरीर को नीचे उतारते हैं और उसे उसके हवाले करते हैं, तो वह उसे गले लगा लेती है और रोती है। उसका बच्चा, जो संसार के उद्धारकर्ता के रूप में परमेश्वर द्वारा उसे दिया गया, उसके हृदय से अलग कर दिया गया। अपने बच्चे को एक क्रूर और अन्यायपूर्ण मौत मरते हुए देखकर, किसी भी माँ की तरह उसने उसके साथ दुःख को झेला। लेकिन वह यह भी जानती है कि उसने उसके बच्चों के लिए एक बड़ी जीत हासिल की है, एक महान स्वतंत्रता और नया जीवन - अनन्त जीवन। मृत्यु के माध्यम से नया जीवन आता है। मरियम को अपनी जीवन यात्रा में अपने साथ चलने दें, उसे प्रतिदिन अपने हृदय और घर में आमंत्रित करें और देखें कि वह कैसे काम करती है और प्यार करती है। उसे आज अनुमति दें! एक माँ हमसे कभी नहीं थकती है!

जैसे कि यीशु कलवरी के रास्ते पर है, हम भी जीवन के मुख्य-मार्ग पर चल रहे हैं। प्रत्येक मौजूदा क्षण में हमारे सबसे जरूरी कर्तव्य हमें सौंपे गए हैं: चेतावनी के संकेतों पर ध्यान दें, अपनी लाइन में रहें, दूसरों से न टकराएं, आगे बढ़ते रहें और प्रत्येक क्षण ईश्वर और पड़ोसी से प्रेम करें। वर्तमान पर ध्यान केंद्रित करें और ईश्वर की दैवीय इच्छा को भविष्य तय करने दें: आगे क्या आ रहा है और हमारी अंतिम मजिल कहाँ है। भविष्य की देखभाल करने और वर्तमान पर केंद्रित रहने के लिए ईश्वर की इच्छा पर भरोसा रखें। इसे अच्छी तरह से करें और सब अच्छा हो जाएगा।

हमारे प्रभु यीशु क्लेरवॉक्स के सेंट बर्नार्ड (1090-1153) को दिखाई दिए और उन्हें अपने कंधे का घाव दिखाया जो उनके लिए दर्द का एक

महत्वपूर्ण कारक था क्योंकि उन्होंने अपना क्रॉस उठाया था। (30) हमारे प्रभु की इच्छा है कि हम अपनी प्रार्थनाओं में इस घाव की पूजा और सम्मान करें; उन्होंने सेंट बर्नार्ड से कहा कि ऐसा करने से हम अपने पापों के लिए क्षमा अर्जित करेंगे।

प्रार्थना के लिए सुझाव: जब क्रॉस के पड़ावों पर प्रार्थना की जाती है तो रोज़री के दुखद रहस्यों को सबसे अधिक ध्यान में लाया जाता है।

"अच्छे और बुरे समय में यीशु का अनुसरण करें। हम मरियम को माउंट कलवरी पर अपने प्रभु का अनुसरण करते हुए देखते हैं। वह उसके साथ पीड़ित है, और वह उसके लिए और उसके साथ, हृदय में एकजुट होकर पीड़ित है। उससे कहें कि वह आपको सिखाए कि कैसे यीशु के पीछे चलना है जैसे वह करती है। वह सेंट जॉन और सेंट मैरी मैग्डलीन, और उसकी बहन मैरी, क्लोपास की पत्नी, को क्रूस पर चढ़ाए गए मसीह के पक्ष में ले आई, जब अन्य कोई भी शिष्य नहीं आया। यदि आप उससे पूछेंगे, तो वह आपको वहां भी ले जाएगी। कलकत्ता की सेंट मदर टेरेसा ने मरियम के बारे में कहा, "उनकी भूमिका जॉन और मैग्डलीन की तरह आपको क्रूस पर चढ़ाए गए यीशु के हृदय में प्यार के साथ आमने-सामने लाने की है।" (1)

संतों की गवाही:

1. **सेंट जॉन बॉसको (1815-1888)** "अपने क्रॉस को अपनी पीठ पर उठाएं और जैसे ही यह आता है, छोटा या बड़ा, चाहे दोस्तों से या दुश्मनों से और किसी भी लकड़ी से बना हो, इसे ले जाएँ। सबसे बुद्धिमान और सबसे खुश आत्मा वह है, जो यह जानते हुए कि वह जीवन भर क्रूस को ढोने के लिए नियत है, स्वेच्छा से और त्यागपूर्वक उसको स्वीकार करती है जिसे परमेश्वर ने भेजा है। (31)
2. **सेंट मैक्सिमिलियन कोल्बे (1894-1941)** "हमारी माँ चाहती है कि हम न केवल उसके लिए काम करें, बल्कि उसके लिए दुःख भी झेलें। हमें हर दिन के छोटे छोटे क्रूसों को शांति से सहन करना चाहिए और यह भी कामना करनी चाहिए कि वे मौजूद रहें!" (3)

3. **पोप पायस** XI **(1857-1939)** "यदि आप अपने हृदयों में, अपने घरों में, और अपने देश में शांति चाहते हैं, तो रोज शाम को माला जपने के लिए इकट्ठा हों। इसे किये बिना एक दिन भी न जाने दें, चाहें आप पर कितनी ही चिंताओं और काम का बोझ क्यों न हो।" (12)

सदाचार पर प्रकाश: कलवारी के रास्ते में यीशु बहुतों को पार करता है। जब वह अपने सूली पर चढ़ने की ओर यात्रा करता है तो वह प्रेम से उनकी सहायता करता है। उसे प्रत्येक वर्तमान क्षण पर ध्यान केंद्रित करना चाहिए, ऐसा न हो कि वह अपनी मृत्यु के बारे में बहुत अधिक सोचे और इस प्रकार विचलित हो जाए।

सप्ताह की आज्ञा: (यह कोई औपचारिक आज्ञा नहीं है, बल्कि हमारे प्रभु का एक निर्देश है) "**इसके बाद ईसा ने अपने शिष्यों से कहा, "जो मेरा अनुसरण करना चाहता है, वह आत्मत्याग करे और अपना क्रूस उठा कर मेरे पीछे हो ले**।" (मत्ती. 16:24 और लूकस 9:23) आइये हम मान लें कि प्रत्येक क्रूस हमारे लिए उसकी इच्छा है और इस भरोसे के साथ आनन्दपूर्वक आगे बढ़ें कि वह हमें पार करने देंगे।

प्रायोजक और/या माता-पिता के साथ अपने विश्वास को साझा करना: कलवारी के रास्ते में यीशु किस व्यक्ति से मिले थे जिसे आप सबसे ज्यादा पहचानते हैं?

कार्य: अध्याय को एक साथ पढ़ें और अगले सात दिनों में प्रत्येक दिन प्रायोजक या परिवार के साथ कम से कम दस बार जोर से प्रार्थना करें। आपकी ओर से मरियम को एक सक्रिय और बलिदानपूर्ण उपहार के रूप में अपनी दैनिक माला अर्पित करें--वह इसे प्यार करती है और आपको आशीर्वाद देगी। हर सुबह अभिषेक की दैनिक प्रार्थना दोहराएं:

पाँच दुखद रहस्यों के लिए अभिषेक की दैनिक प्रार्थना

"हे मरियम, मैं स्वयं को आपके हाथों में सौंपता हूँ। मैं आपको अपना शरीर और अपनी आत्मा, अपने विचार और अपने कार्य,

अपना जीवन और अपनी मृत्यु देता हूँ। यीशु को सभी चीजों से ऊपर प्यार करने में मेरी मदद करें। हे मरियम, मैं अपने आप को पूरी तरह से आपके हाथों से और आपके उदाहरण के अनुसार परमेश्वर को अर्पित करता हूँ। वह मेरे लिए जो कुछ भी चाहता है, मैं उसे स्वीकार करता हूँ और आपसे इस संकल्प के प्रति वफादार रहने के लिए कहता हूँ।" (फादर चार्ल्स जी. फेरेनबैक, सी.एस.एस.आर) (3)

टिप्पणियाँ :

सप्ताह 15
सूली पर
चढ़ाया
जाना

आत्मा का फल: दृढ़ता (10)

पवित्रशास्त्र : यीशु को सूली पर चढ़ाना

वे ईसा को ले गये और वह अपना क्रूस ढोते हुये खोपडी की जगह नामक स्थान गये। इब्रानी में उसका नाम गोलगोथा है। वहाँ उन्होंने ईसा को और उनके साथ और दो व्यक्तियों को कूरस पर चढाया- एक को इस ओर, दूसरे को उस ओर और बीच में ईसा को। पिलातुस ने एक दोषपत्र भी लिखवा कर क्रूस पर लगवा दिया। वह इस प्रकार था- "ईसा नाज़री यहूदियों का राजा।" बहुत-से यहूदियों ने यह दोषपत्र पढा क्योंकि वह स्थान जहाँ ईसा कूस पर चढाये गय थे, शहर के पास ही था और दोष पत्र इब्रानी, लातीनी और यूनानी भाषा में लिखा हुआ था। इसलिये यहूदियों के महायाजकों ने पिलातुस से कहा, "आप यह नहीं लिखिये- यहूदियों का राजा; बल्कि- इसने कहा कि मैं यहूदियों का राजा हूँ"। पिलातुस ने उत्तर दिया, "मैंने जो लिख दिया, सो लिख दिया।"

ईसा को क्रूस पर चढाने के बाद सैनिकों ने उनके कपडे ले लिये और कुरते के सिवा उन कपडों के चार भाग कर दिये- हर सैनिक के लिये एक-एक भाग। उस कुरते में सीवन नहीं था, वह ऊपर से नीचे तक पूरा-का-पूरा बुना हुआ था। उन्होंने आपस में कहा, "हम इसे नहीं फाडें। चिट्ठी डालकर देख लें कि यह किसे मिलता है। यह इसलिये हुआ कि धर्मग्रंथ का यह कथन पूरा हो जाये- उन्होंने मेरे कपडे आपस में बाँट लिये और मेरे वस्त्र पर चिट्ठी डाली। सैनिकों ने ऐसा ही किया। ईसा की माता, उसकी बहिन, क्लोपस की पत्नि मरियम और मरियम मगदलेना उनके क्रूस के पास खडी थीं। ईसा ने अपनी माता को और उनके पास

अपने उस शिष्य को, जिसे वह प्यार करते थे देखा। उन्होंने अपनी माता से कहा, "भद्रे! यह आपका पुत्र है"।

इसके बाद उन्होंने उस शिष्य से कहा, "यह तुम्हारी माता है"। उस समय से उस शिष्य ने उसे अपने यहाँ आश्रय दिया। तब ईसा ने यह जान कर कि अब सब कुछ पूरा हो चुका है, धर्मग्रन्थ का लेख पूरा करने के उद्देश्य से कहा, "मैं प्यासा हूँ"। वहाँ खट्टी अंगूरी से भरा एक पात्र रखा हुआ था। लोगों ने उस में एक पनसोख्ता डुबाया और उसे जूफ़े की डण्डी पर रख कर ईसा के मुख से लगा दिया। ईसा ने खट्टी अंगूरी चखकर कहा, "सब पूरा हो चुका है"। और सिर झुकाकर प्राण त्याग दिये। (योहन 19:17-30)

प्रतिबिंब: क्षमा करना!

सूली पर चढ़ाने से मौत दम घुटने से होती है। इस प्रकार, परमेश्वर के पुत्र, जिसने शुरुआत में इस संसार में प्राण फूंके, उसके पास कोई सांस नहीं बची है। फिर भी, बड़ी पीड़ा के बावजूद, यीशु ने कुछ बहुत ही महत्वपूर्ण शब्द कहे, जिन्हें उसके अंतिम सात वचन कहा जाता है। इन सात में से दो पर विचार करें: "**हे पिता, इन्हें क्षमा कर क्योंकि ये जानते नहीं कि क्या कर रहें हैं?**" और "**भद्रे! यह आपका पुत्र है; यह तुम्हारी माता है"।** " पहले को समझना बहुत आसान है लेकिन करना मुश्किल है; हालाँकि मसीह हमें क्षमा करने की आज्ञा देता है। "**"जब तुम प्रार्थना के लिए खड़े हो और तुम्हें किसी से कोई शिकायत हो, तो क्षमा कर दो,**" (मारकुस 11:25)

जॉन, सबसे छोटे प्रेरित ने, मरियम का अपने घर और हृदय में स्वागत किया और जीवन भर उनकी देखभाल की। जॉन ने **सेंट जोसेफ के गुप्त मैरियन आशीर्वाद** को जाना क्योंकि उन्हें स्वीकार करने के बाद, उसने जल्द ही कई बार नए तरीकों से परमेश्वर का सामना किया। 3 दिनों के बाद, उसने यीशु को एक महिमामय शरीर में पुनरुत्थित प्रभु के रूप में देखना शुरू किया जो बंद दरवाजों से निकल सकता था। 50 दिनों के बाद, वह रविवार को पिन्तेकुस्त के दिन ऊपरी कमरे में पवित्र आत्मा के रूप में परमेश्वर से मिला। अंत में, जिंदगी में काफी समय बाद, वह एक सपने में परमेश्वर से मिला जो इतना वास्तविक और अंतर्दृष्टिपूर्ण

था कि यह हमारे ईसाई धर्मग्रंथों में प्रकाशितवाक्य की पुस्तक के रूप में शामिल है। यदि हम मरियम को अपने घर और हृदय में आमंत्रित करने की दैनिक आदत बना लें, तो हम व्यक्तिगत रूप से जोसेफ के गुप्त मैरियन आशीष के बारे में भी जानेंगे;

हम हैरान और खुश होंगे कि परमेश्वर किस तरीके से हमारे घरों और हृदयों में खुद को प्रकट करते हैं। **एम्मानुएल, परमेश्वर हमारे साथ है!**

जैसा कि हमने पहले कहा, सेंट थॉमस एक्विनास हमें क्रूस पर यीशु की स्थिति का अध्ययन करना और उससे सीखना सिखाते हैं। अपने आप से पूछिए, "यीशु वहाँ ऊपर क्या कर रहा है और क्या नहीं कर रहा है? वह वापस नहीं लड़ रहा है; उसके हाथों में कीलें ठोंक दी गई हैं। वह भाग नहीं रहा है; उसके पैरों में कील ठोंक दी गई है। वह अपने शत्रुओं को नष्ट करने के लिए स्वर्गदूतों को न तो श्राप दे रहा है और न ही उनका आह्वान कर रहा है; उसका गला सूख गया है और उसकी सांसें भी बहुत कम बची हैं। वह निराश नहीं है। तो वह वास्तव में वहाँ क्या कर रहा है? वह दुख की इस घड़ी में अपने पिता की महिमा करते हुए विजयी स्तोत्र 22 की प्रार्थना कर रहा है। वह अपने शत्रुओं को क्षमा कर रहा है और उसे बचाने के लिए अपने प्रभु की प्रतीक्षा कर रहा है।

प्रेम, आशा, विश्वास, विनम्रता, धैर्य और दृढ़ता से भरा हुआ, वह पूरे विश्वास के साथ खुद को बचाने के लिए अपने पिता पर भरोसा कर रहा है। सेंट थॉमस एक्विनास कहते हैं, **"मसीह का जुनून वास्तव में हमारे पूरे जीवन का मार्गदर्शन करने के लिए पर्याप्त है। जो कोई भी संपूर्णता से जीना चाहता है, उसे कुछ नहीं करना चाहिए, सिवाय उसे छोड़ने के जिसे मसीह ने क्रूस पर छोड़ किया, और उस चीज को चाहने के जिसे उसने पाने की इच्छा की, क्योंकि क्रूस हर सद्गुण का उदाहरण है।**" (29) यीशु हमारे लिए मरा; अब हमें अपना क्रूस उठाना चाहिए, और क्रूस पर उसके उदाहरण का अनुसरण करके उसका अनुसरण करना चाहिए। यही सदाचारी और विजयी जीवन है।

परमेश्वर का पुत्र हमें घृणा और पाप से बचाने के लिए स्वर्ग से पृथ्वी पर उतरा और हमने उसे घृणा और हिंसा के एक दुखद कृत्य में क्रूस पर चढ़ा दिया! क्या यह शुभ समाचार है, या यह अब तक की सबसे

बड़ी त्रासदी है? यह दोनों है! यहाँ छिपी हुई जीत है; एक धर्मपरायण यहूदी यह जान सकता है कि मसीह को क्रूस पर चढ़ाने से क्या होता है। सबसे पहले, वह "यहूदियों के राजा" को देखता है।

दूसरा, यीशु एक बलिदान किए हुए मेमने के रूप में प्रकट होता है, जैसे कि दयालु विश्वासी यहूदी हर साल फसह के पर्व पर अपने पापों की क्षमा के लिए बलिदान करते हैं। उन्होंने इन मेमनों को क्रूस के आकार के सींक पर आग पर भूना। तीसरा, यीशु के हाथ उसके सिर के ऊपर उठे हुए हैं, मूसा की कहानी को याद करते हुए कि वह अमालेकियों के साथ युद्ध में इस्राएलियों के लिए अपने हाथ उठा रहा है। जब तक उसके हाथ उठे हुए थे, इस्राएली जीत रहे थे। हारून और हूर ने अंत तक मूसा की भुजाओं को ऊपर उठाकर उसकी सहायता की। (निर्गमन. 17:8-16)

मरियम, यूहन्ना और स्त्रियाँ क्रूस के निचली तरफ—उसे पकड़े हुए वही कर रही हैं। हर बार जब हम क्रूस पर ध्यान करते हैं तो हम ऐसा ही कर सकते हैं। रोज़री के रहस्यों के अंतिम सेट की शुरूआत में और अधिक छिपी हुई खुशखबरी सामने आने वाली है: वह है गौरवशाली रहस्य।

अभिषेक सिध्दांत : प्रभु की प्रतीक्षा करो। हमने इस शक्तिशाली आध्यात्मिक सिद्धांत के बारे में बात की जब हमने दूसरे चमकदारी रहस्य पर चर्चा की: काना में विवाह पर्व। इस विवाह में, हम मरियम, सेवकों और यीशु को प्रभु की बाट जोहते हुए देखते हैं। थोड़े समय के इंतजार के बाद, पानी के वाइन में बदलने का एक बड़ा चमत्कार हुआ। शादी के जिस जोड़े ने मरियम और उसके बेटे को अपने घर पर आमंत्रित किया था, उस दिन परमेश्वर से आश्चर्यजनक रूप से नए तरीके से मिले: एक चमत्कारी कार्यकर्ता के रूप में! अब क्रूस पर, हम मरियम और यूहन्ना और कुछ महिलाओं को प्रार्थना करते, ताकते और इंतजार करते हुए देखते हैं जैसे कि उनका प्रभु और उद्धारकर्ता यीशु क्रूस पर वही काम करता है; वे वास्तव में हृदय से जुड़े हैं। वे उसे बदला हुआ नहीं देखते, लेकिन वह पूरी तरह से विकृत और पहचानने योग्य नहीं है। दुख की बात है कि वे परमेश्वर को बिलकुल नए रूप में देख रहे हैं। परमेश्वर से की जाने वाली सभी प्रार्थनाओं में भरोसे के साथ प्रतीक्षा करना शामिल है। हमेशा! कभी कभी हमें मिनट, कभी दिन और कभी वर्षों इंतजार करना पड़ता है। तो जब हम प्रतीक्षा करते हैं तो हम क्या करते हैं? हम वह सब कुछ करते हैं जो यीशु वहाँ कर रहा है - उसके गुणों का

PAUL E. CRANLEY (पॉल इ. क्रेनली)

अभ्यास करना: विश्वास, आशा, धैर्य, दृढ़ता, भरोसा, नम्रता, विनम्रता, प्रेम, आज्ञाकारिता और सबसे बढ़कर क्षमा। इनमें से प्रत्येक गुण एक दूसरे पर निर्मित होते हैं। अभ्यास परिपूर्ण बनाता है! याद रखें, सदाचार को हमेशा ईश्वरीय सहायता की आवश्यकता होती है!

संतों की गवाही:

1. **पोप सेंट जॉन पॉल। II (1920-2005)** "कलवारी पर सबसे पवित्र मरियम की पीड़ाएँ अपने चरमोत्कर्ष पर पहुँच गईं। क्रूस के नीचे मरियम की उपस्थिति ने उसके पुत्र की छुटकारे की मृत्यु में सबसे विशेष भागीदारी की।" (3)
2. सेंट बर्नार्ड **(1090-1153)** "यह आपका हृदय है, हे मरियम, जो स्टील वाले भाले से छेदा गया है। आपके पुत्र के हृदय से कहीं अधिक, जो पहले ही अपनी अंतिम साँस ले चुका है।"(3)
3. **सेंट पॉल** "अपने शरीरों को जीवित बलिदान के रूप में चढ़ाओ।" (रोमियों 12:1)

सदाचार पर प्रकाश: यीशु ने अपने क्रूस पर चढ़ने को धैर्यपूर्वक अपने पिता, माँ और हम सभी, अपने भाइयों और बहनों के लिए प्रेम के कार्य के रूप में स्वीकार किया। वह हमें रास्ता दिखा रहा है और हमें उसका अनुसरण करना चाहिए!

सप्ताह की आज्ञा: (यह एक औपचारिक आदेश नहीं है, बल्कि हमारे प्रभु की तरफ से एक निर्देश है)

"यदि तुम दूसरों के अपराध क्षमा करोगे, तो तुम्हारा स्वर्गिक पिता भी तुम्हें क्षमा करेगा।

परन्तु यदि तुम दूसरों को क्षमा नहीं करोगे, तो तुम्हारा पिता भी तुम्हारे अपराध क्षमा नहीं करेगा।" (मत्ती. 6:14-15)

मरियम द्वारा यीशु के शत्रुओं और रोमन सैनिकों को क्षमा करने पर विचार करें क्योंकि वह अपने बेटे के भयानक क्रूस पर चढ़ने को देखती है। वह हमें दिखाएगी कि कैसे–वह वहाँ थी! "**इसलिए सावधान रहो। यदि तुम्हारा भाई कोई अपराध करता है, तो उसे डाँटो और यदि वह**

पश्चात्ताप करता है, तो उसे क्षमा कर दो। यदि वह दिन में सात बार तुम्हारे विरुद्ध अपराध करता और सात बार आ कर कहता है कि मुझे खेद है, तो तुम उसे क्षमा करते जाओ।" (लूकस 17:3-4)

प्रायोजक और/या माता-पिता के साथ अपने विश्वास को साँझा करना: आज आपको किसे क्षमा करने की आवश्यकता है? क्या आपके घर में क्रूस है? यदि नहीं, तो एक प्राप्त करें जिस पर आप ध्यान कर सकते हैं, विशेष रूप से दुःखद रहस्यों को कहते समय।

कार्य: उपरोक्त को पढ़ें और अगले सात दिनों में प्रत्येक दिन प्रायोजक या परिवार के साथ कम से कम दस बार जोर से प्रार्थना करें। आपकी ओर से मरियम को एक सक्रिय और बलिदानपूर्ण उपहार के रूप में अपनी दैनिक माला अर्पित करें--वह इसे प्यार करती है और आपको आशीर्वाद देगी। हर सुबह अभिषेक की दैनिक प्रार्थना दोहराएं:

पाँच दुखद रहस्यों के लिए अभिषेक की दैनिक प्रार्थना

"हे मरियम, मैं स्वयं को आपके हाथों में सौंपता हूँ। मैं आपको अपना शरीर और अपनी आत्मा, अपने विचार और अपने कर्म, अपना जीवन और अपनी मृत्यु देता हूँ। यीशु को सभी चीजों से ऊपर प्यार करने में मेरी मदद करें। हे मरियम, मैं अपने आप को पूरी तरह से आपके हाथों से और आपके उदाहरण के अनुसार परमेश्वर को अर्पित करता हूँ। वह मेरे लिए जो कुछ भी चाहता है, मैं उसे स्वीकार करता हूँ और आपसे इस संकल्प के प्रति वफादार रहने के लिए कहता हूँ।" (फादर चार्ल्स जी. फेरेनबैक, सी.एस.एस.आर) (3)

टिप्पणियाँ:

चौथी प्रतिज्ञा

मैं,_____ माँ मरियम, आपके सामने प्रतिज्ञा करता/करती हूँ, कि मैं अगले 5 हफ्तों में अपने प्रायोजक और/या परिवार के सदस्यों के साथ प्रत्येक पाठ का ईमानदारी से अध्ययन करूँगा/करूँगी और कम से कम दस बार तक आपकी सबसे पवित्र माला की प्रार्थना करूँगा/करुँगी।

आपके पुत्र ने हमें एक नई आज्ञा सिखाई है: "एक दूसरे से वैसा ही प्रेम करो जैसा मैंने तुमसे प्रेम किया है।"

मैं आपसे कहता/कहती हूँ, माँ, मुझे भी सिखाएं कि मैं भी आपसे ऐसे ही प्यार करूं जैसे आप मुझे करती हैं। मैं आपकी मदद से सीखना चाहता/चाहती हूं कि परमेश्वर और पड़ोसी को उनकी दिव्य इच्छा के अनुसार कैसे प्यार करना है। मैं पिता, पुत्र और पवित्र आत्मा के नाम से यह प्रार्थना करता/करती हूँ। आमीन।

उम्मीदवार द्वारा हस्ताक्षरित व दिनांक: _____
प्रायोजक: _____

सप्ताह16
यीशु का
पुनरुत्थान

आत्मा का फल: विश्वास (10)

सुसमाचार: यीशु का पुनरुत्थान।
विश्राम-दिवस के बाद, सप्ताह के प्रथम दिन, पौ फटते ही, मरियम मगदलेना और दूसरी मरियम कब्र देखने आयीं।

एकाएक भारी भुकम्प हुआ। प्रभु का एक दूत स्वर्ग से उतरा, कब्र के पास आया और पत्थर अलग लुढ़का कर उस पर बैठ गया।

उसका मुखमण्डल बिजली की तरह चमक रहा था और उसके वस्त्र हिम के सामान उज्ज्वल थे। दूत को देख कर पहरेदार थर-थर काँपने लगे और मृतक -जैसे हो गये।

स्वर्गदूत ने स्त्रियों से कहा, "डरिए नहीं। मैं जानता हूँ कि आप लोग ईसा को ढूँढ़ रही हैं, जो क्रूस पर चढ़ाये गये थे। वे यहाँ नहीं हैं। वे जी उठे हैं, जैसा कि उन्होंने कहा था। आइए और वह जगह देख लीजिए, जहाँ वे रखे गये थे।

अब सीधे उनके शिष्यों के पास जा कर कहिए, 'वे मृतकों में से जी उठे हैं। वह आप लोगों से पहले गलीलिया जायेंगे, वहाँ आप लोग उनके दर्शन करेंगे'। यही आप लोगों के लिए मेरा सन्देश है।"

स्त्रियाँ शीघ्र ही कब्र के पास से चली गयीं और विस्मय तथा आनन्द के साथ उनके शिष्यों को यह समाचार सुनाने दौड़ीं। ईसा एकाएक मार्ग में स्त्रियों के सामने आ कर खड़े हो गये और उन्हें नमस्कार किया। वे आगे बढ़ आयीं और उन्हें दण्डवत् कर उनके चरणों से लिपट् गयीं।

ईसा ने उनसे कहा, "डरो नहीं। जाओ और मेरे भाइयों को यह सन्देश दो कि वे गलीलिया जायें। वहाँ वे मेरे दर्शन करेंगे।" (मत्ती. 28 1-10)

प्रतिबिंब: क्रूस पर अपनी अंतिम सांस लेने से पहले, यीशु ने धैर्यपूर्वक कष्ट सहे, भरोसा किया और खुद को बचाने के लिए पिता की प्रतीक्षा की। तीन दिन बाद उसके पुनरुत्थान पर, चेलों ने उसे पहली बार देखा। **"किन्तु प्रभु पर भरोसा रखने वालों को नयी स्फूर्ति मिलती रहती है। वे गरुड़ की तरह अपने पंख फैलाते हैं।"** (इसायाह 40:31) यीशु ने पहले वादा किया था कि वह मरे हुओं में से जी उठेगा, लेकिन उसकी माँ को छोड़कर बहुत कम लोगों ने उस पर सच में विश्वास किया- जब तक कि वह फसह की सुबह उनके सामने खुद प्रकट नहीं हुआ! उन लोगों के लिए मौत पर काबू पा लिया गया है जो मानते हैं कि वह वास्तव में परमेश्वर है और वास्तव में जीवित है। आल्लेलूइया! यह अच्छी खबर है! क्या आप उस पर और इस खुशखबरी पर विश्वास करते हैं? यदि हाँ, तो हर दिन उसकी खोज करके उस पर भरोसा रखें और हर दिन उसकी प्रतीक्षा करें और आप भी ऊपर उठाये जाएँगे और उसे देखेंगे! **आओ, प्रभु यीशु; मेरे घर और हृदय में आओ। आपकी अपनी माता ने हममें और हमारे द्वारा कार्य करते हुए हमें समय से पहले ही शुद्ध कर दिया है।** यीशु ने अपने प्रेरितों से कहा **"जो तुम्हारा स्वागत करता है, वह मेरा स्वागत करता है।"** (मत्ती 10:40) जो मरियम का स्वागत करता है, वह यीशु का स्वागत करता है!

यीशु एक गुफा में पैदा हुआ था, एक गुफा में दफनाया गया था और एक गुफा में मरे हुओं में से जी उठा था। (7) यह प्रतीकात्मकता हमें जमीन में एक बीज की याद दिलाती है जो एक नए जीवन में पैदा हुआ है, जो सूर्य को देखने और बढ़ने की माँग कर रहा है जब तक कि वह सब कुछ नहीं बन जाता जिसके लिए इसे बनाया गया था। यह हमें यह भी याद दिलाता है कि जब ईश्वर हमारी दुनिया में आता है, तो वह हमारे भीतर से हमारे पास आता है, **एम्मानुएल, परमेश्वर हमारे साथ है!**

मैरी मैग्डलीन और मैरी, मदर मैरी की बहन और क्लोपास की पत्नी, ने हमारी धन्य माँ को अपने हृदयों में ले लिया था - वे कुछ ही घंटे पहले उसकी पीड़ा और मृत्यु का शोक मनाने के लिए क्रूस के नीचे एक साथ थे। यह यरूशलेम में फसह के पर्व के लिए एक साथ रहने की तरह था इस ईस्टर की सुबह, मैरी मैग्डलीन और माता मरियम की बहन मैरी

PAUL E. CRANLEY (पॉल इ. क्रेनली)

ने यीशु से किसी भी प्रेरित से पहले उसके आश्चर्यजनक नए रूप में मुलाकात की। हालाँकि वे पहले से ही हमारे प्रभु को व्यक्तिगत रूप से जानते थे, जॉन के पुनरुत्थान के संस्करण में मैरी मैग्डलीन ने उन्हें उनके पुनर्जीवित शरीर में नहीं पहचाना! उसने सोचा कि वह माली था। (योहन 20:11-18) जब हम सेंट जोसेफ की तरह मरियम को अपने हृदय और घर में ले जाते हैं, तो हो सकता है कि हम अपने प्रभु की उपस्थिति को तुरंत पहचान न पाएं। हालांकि, अगर हम रुकते हैं और प्रतीक्षा करते हैं और प्रार्थना में प्रतिबिंबित करते हैं, तो हम अचानक उसे अपने जीवन में देख सकते हैं - एक समय में और एक ऐसे रूप में जिसकी हम सबसे कम उम्मीद करते हैं! परमेश्वर को आश्चर्य पसंद है!

माता मरियम को ईस्टर की सुबह अपने पुनर्जीवित बेटे को देखने के लिए सबसे पहले वहाँ होना था, लेकिन स्वर्ग ने उस मधुर पुनर्मिलन को अभी के लिए हमसे छिपा रखा है। इसके बजाय, सुसमाचार लेखक दुःखी मैरी मैग्डलीन और माता मरियम की बहन मैरी के पुनर्मिलन पर ध्यान केंद्रित करते हैं। उन्होंने प्रभु से प्रेम किया और उसको खोजा, जिसके लिए उन्हें प्रतिफल मिला। हम सभी उसे पा सकते हैं यदि हम उसे ढूंढते हैं और माता मरियम की मदद से उसकी प्रतीक्षा करते हैं और बाट जोहते हैं। भरोसा रखें कि वह स्वयं को प्रकट करेगा।

एक अन्य धर्मग्रंथ हमें ईस्टर की सुबह इम्माऊस के लिए यरूशलेम छोड़ने वाले समुदाय के कुछ शिष्यों के बारे में बताता है, जो निराश थे क्योंकि उन्हें लगा कि यीशु अच्छाई के लिए चला गया है। (लूकस 24:13-35) जब वे रास्ते में चल रहे थे तो उनकी मुलाकात एक अजनबी से हुई जिसे वे नहीं पहचानते थे। यह भेष बदले हुए यीशु था, और जब वह उनके साथ चला, तो उसने शास्त्रों की व्याख्या की, यह दिखाते हुए कि कैसे मसीहा को कष्ट सहना और मरना पड़ा। जैसे ही वे रात को रुके और इम्माऊस में एक साथ रोटी खाई, वह उनकी नज़रों से ओझल हो गया, और तभी उन्हें पता चला कि वह यीशु था। वे इतने उत्साहित थे कि वे प्रेरितों और शिष्यों को यह सुसमाचार सुनाने के लिए जल्दी से वापस यरूशलेम चले गए। यहाँ एक और शास्त्र है जो उन शिष्यों को दिखाता है जो मरियम और ऊपरी कक्ष समुदाय को जानने के लिए आये थे और आश्चर्यजनक रूप से नए तरीके से परमेश्वर का अनुभव कर रहे थे: अपरिचित यात्री की आड़ में पुनर्जीवित प्रभु के रूप में। वे तुरन्त प्रचारक बन गए, इस सुसमाचार को उन सब तक फैला दिया जिनसे वे

मिले थे। इसमें कोई संदेह नहीं है कि वे जिस पहले व्यक्ति को बताना चाह रहे थे, वह उसकी दुःखी माँ, मरियम रही होगी।

यहां तक कि सेंट ऐन और सेंट जोआचिम, मरियम के मृत माता-पिता, अपने पोते, यीशु से ईस्टर की सुबह आश्चर्यजनक रूप से नए तरीके से मिले होंगे, जब वह अपने गौरवशाली शरीर में मरे हुओं में से जी उठा था। मत्ती के सुसमाचार में लिखा है कि कई पूर्व दिवंगत संत मृतकों में से जी उठे और उस सुबह यरूशलेम के चारों ओर घूमते हुए देखे गए और शायद मरियम के माता-पिता उनमें से रहे होंगे। (मत्ती 27:51-53) सेंट पॉल हमें यह भी बताता है कि एक समूह में 500 लोगों ने मरे हुओं में से जी उठने के बाद जी उठे यीशु को देखा। (1 कुरिन्थियों 15:3-8) **अपने हृदय में आशा रखें कि आप उससे आश्चर्यजनक रूप से नए तरीके से मिलेंगे।**

अभिषेक सिध्दांत:

अपने हृदय की रक्षा करो! मैरियन अभिषेक के सबसे गहन सिद्धांतों में से एक यह खोज है कि मानव हृदय ईश्वर का द्वार है। हम जो कुछ भी अपने हृदय में अच्छा रखते हैं वह वहाँ नहीं रहेगा बल्कि हमारे आसपास की दुनिया में और हमारे अच्छे कामों और दिव्य अनुग्रहों के माध्यम से हमारे सबसे निकटतम लोगों में प्रकट होता है। जब परमेश्वर हमें बचाने के लिए धरती पर आए, तो उन्होंने जानबूझकर हमारी दुनिया में प्रवेश करने के लिए एक पाप रहित महिला के मातृ हृदय को चुना। प्रभु उनके साथ है। वह धन्य कुँवारी मरियम के हृदय में रहना चाहता था जहाँ वह जानता था कि उसका सबसे प्यार भरे तरीके से स्वागत किया जाएगा। बचपन से ही मरियम ने अपने दिल में परमेश्वर को सबसे प्रबल प्रेम के साथ धारण किया। मरियम के हृदय और गर्भ के माध्यम से, यीशु भौतिक रूप से दुनिया में प्रकट हुआ क्योंकि मरियम ने सेंट जोसेफ से शुरू करते हुए उन सभी के साथ अपना कीमती उपहार साझा किया जिन्हें वह प्यार करती थी। जब हम मरियम को अपना हृदय देते हैं, तो हम न केवल उसके गुणों को हमारी दुनिया में फैलाते हैं, बल्कि हम अपने आसपास के लोगों में यीशु के प्रेम को भी फैलाते हैं। कलकत्ता की सेंट टेरेसा "मरियम, मुझे अपना दिल दे दो," और "मरियम, मुझे अपने सबसे शुद्ध हृदय में रखो" प्रार्थना करती थी। हालाँकि, हमें सावधानी से अपने हृदयों की रक्षा करनी चाहिए, क्योंकि बुराई उसी द्वार से हमारी

दुनिया में प्रवेश कर सकती है! यदि हम अपने हृदयों में घृणा, क्षमा न करना या बदले की भावना रखते हैं, तो यह हमारे आसपास की दुनिया में भी दुखद तरीकों से प्रकट होगा। इसी से आतंकवाद जैसी बुराइयाँ शुरू होती हैं और फैलती हैं। हम 18वें सप्ताह में इस पर और अधिक विस्तार से चर्चा करेंगे। **संट जोसेफ, हमारे हृदयों को बनाये रखने में हमारी मदद करें!**

संतों की गवाही:

1. **सेंट ग्रेगरी नाजियानजेन(329-390)** "हमारे पास माता मरियम की उदारता को अपनी ओर आकर्षित करने का सबसे शक्तिशाली साधन एक सद्गुण है। वह सद्गुण है अपने पड़ोसी के प्रति प्रेम।" (3)
2. **सेंट जॉन यूडेस(1601-1680)** "मरियम के हृदय में रहो, वह जिसे प्यार करती है उससे प्यार करो, और जो वह चाहती है उसकी इच्छा करो। तब आपको निश्चित रूप से शांति, आनंद और पवित्रता की प्राप्ति होगी।"(3)
3. **सेंट जॉन वियान्नी((1786-1859)** "विनम्रता विभिन्न गुणों के लिए है जो माला के लिए धागा है: धागे को हटा दो और माला बिखर जाती है। विनम्रता को हटा दो और सभी गुण गायब हो जाते हैं।" (12)

सदाचार पर प्रकाश:

महिलाएँ परिश्रम, आज्ञाकारिता और दृढ़ता के गुणों का अभ्यास कर रही हैं ताकि क़ानून की आवश्यकता के अनुसार परमेश्वर के शरीर को ठीक से तैयार करने की कोशिश की जा सके, और गुड फ्राइडे की शाम को ऐसा करने का समय नहीं था। वे मृतकों को दफनाकर दया का शारीरिक कार्य भी कर रहे हैं। (परिशिष्ट)

सप्ताह की आज्ञा: यीशु की नई आज्ञा: "**बच्चों! मैं और थोडे ही समय तक तुम्हारे साथ हूँ। तुम मुझे ढूँढोगे और मैंने यहूदियों से जो कहा था, अब तुम से भी वही कहता हूँ - मैं जहाँ जा रहा हूँ, वहाँ तुम नहीं आ सकते।" मैं तुम लोगों को एक नयी आज्ञा देता हूँ- तुम एक दूसरे को प्यार करो। जिस प्रकार मैंने तुम लोगों को प्यार किया, उसी प्रकार तुम एक दूसरे को प्यार करो। यदि तुम एक दूसरे को प्यार करोगे, तो उसी**

से सब लोग जान जायेंगे कि तुम मेरे शिष्य हो।" (योहन 13:33-35) हमारी धर्मशिक्षा हमें सिखाती है "यह आज्ञा अन्य सभी आज्ञाओं का सार है और उसकी संपूर्ण इच्छा को व्यक्त करती है।" (6, #2822)

नई आज्ञा, "**तुम एक दूसरे को प्यार करो। जिस प्रकार मैंने तुम लोगों को प्यार किया, उसी प्रकार तुम एक दूसरे को प्यार करो,**" यह अपने परिवार के लिए हर माँ के हृदय की इच्छा को भी व्यक्त करता है, लेकिन विशेष रूप से, परमेश्वर के परिवार में हम सभी के लिए हमारी धन्य माँ के बेदाग हृदय की इच्छा को।

मरियम, दया की माता का अनुसरण करते हुए दूसरों के प्रति दयालु बनें। वास्तव में, एक माँ अपना दिन अपने परिवार के सभी सदस्यों के लिए दया के बलिदान करने में बिताती है। जैसा कि हमने दूसरे सप्ताह की शुरूआत में कहा था, हमारे प्रभु ने स्वयं सेंट फॉस्टिना से जोरदार ढंग से बात की थी: "**मैं आपसे दया के कार्यों की मांग करता हूँ जो मेरे लिए प्रेम से उत्पन्न हों। आपको हमेशा और हर जगह अपने पड़ोसियों पर दया करनी है। तुम्हें इससे पीछे नहीं हटना चाहिए और न ही इससे बचने का प्रयास करना चाहिए।**" **(42)** यह जानने के बाद कि वह और एलिज़ाबेथ दोनों गर्भवती हैं, मरियम "जल्दबाजी में" सेंट एलिज़ाबेथ के घर तीन महीने तक दया दिखाने के लिए चली गई। हम सभी को अपने पड़ोसियों की सेवा करने में उतनी ही तत्परता दिखानी चाहिए; हमें दयालु होने की आवश्यकता को समझने में देर नहीं लगती और यह हमेशा परमेश्वर की इच्छा है। इस सच्चाई को पारंपरिक भजन में अच्छी तरह से अभिव्यक्त किया गया है: "जहाँ दान और प्रेम प्रबल होता है, वहाँ परमेश्वर हमेशा मिलते हैं।" (32) (लेखक के थर्ड ग्रेड के संगीत शिक्षक ने लैटिन भाषा से उन गीतों का अनुवाद किया- वे कालातीत ज्ञान हैं!)

अपने प्रायोजक और/या माता-पिता के साथ विश्वास को साझा करना: आप अपने हृदय में कौन सी अच्छी और बुरी बातें रखते हैं?

कार्य: अध्याय को एक साथ पढ़ें और अगले सात दिनों में प्रत्येक दिन प्रायोजक या परिवार के साथ कम से कम दस बार जोर से प्रार्थना करें। आपकी ओर से मरियम को एक सक्रिय और बलिदानपूर्ण उपहार के रूप में अपनी दैनिक माला अर्पित करें–वह इसे प्यार करती है और आपको आशीर्वाद देगी। हर सुबह नवीनतम दैनिक अभिषेक प्रार्थना दोहराएं:

PAUL E. CRANLEY (पॉल इ. क्रेनली)

पांच महान रहस्यों के लिए दैनिक अभिषेक प्रार्थना

बेदाग़ कुँवारी मरियम, / परमेश्वर की माँ और चर्च की माँ, / आप हमारी सतत् मदद की माँ भी हैं। / आपके लिए प्यार से भरे दिलों के साथ, / हम आपके लिए प्यार से भरे दिलों के साथ, / खुद को आपके बेदाग़ दिल के प्रति समर्पित करते हैं, / ताकि हम समर्पित बच्चे हो सकें/ हमारे लिए हमारे पापों के लिए सच्चा दुःख / और हमारे बपतिस्मा के वादे के प्रति वफादारी प्राप्त करें। हम अपने मन और हृदय को आपके लिए पवित्र करते हैं, / कि हम हमेशा अपने स्वर्गीय पिता की इच्छा पूरी कर सकें। / हम अपने जीवन को आपके लिए पवित्र करते हैं, / ताकि हम परमेश्वर से बेहतर प्रेम कर सकें, / और अपने लिए नहीं, / बल्कि मसीह, आपके पुत्र के लिए जी सकें, / और दूसरों में उसे देखने और उसकी सेवा करने में सक्षम हो सकें। अभिषेक के इस विनम्र कार्य के साथ, / सतत मदद की प्रिय माँ, / हम आपके आदर्श पर अपना जीवन बनाने की प्रतिज्ञा करते हैं, / पूर्ण ईसाई, / ताकि, जीवन में और मृत्यु के बाद आपके लिए समर्पित हो, / हम सभी अनंत काल के लिए आपके दिव्य पुत्र के हो सकते हैं।

(33)

टिप्पणियाँ:

सप्ताह 17
यीशु का स्वर्गारोहण

आत्मा का फल: आशा (10)

पवित्रशास्त्र: यीशु का स्वर्गारोहण
जब वे ईसा के साथ एकत्र थे, तो उन्होंने यह प्रश्न किया- "प्रभु! क्या आप इस समय इस्राएल का राज्य पुनः स्थापित करेंगे ?" ईसा ने उत्तर दिया, "पिता ने जो काल और मुहूर्त अपने निजी अधिकार से निश्चित किये हैं, तुम लोगों को उन्हें जानने का अधिकार नहीं है। किन्तु पवित्र आत्मा तुम लोगों पर उतरेगा और तुम्हें सामर्थ्य प्रदान करेगा और तुम लोग येरूसालेम, सारी यहूदिया और सामरिया में तथा पृथ्वी के अन्तिम छोर तक मेरे साक्षी होंगे।"

इतना कहने के बाद ईसा उनके देखते-देखते आरोहित कर लिये गये और एक बादल ने उन्हें शिष्यों की आँखों से ओझल कर दिया। ईसा के चले जाते समय प्रेरित आकाश की ओर एकटक देख ही रहे थे कि उज्ज्वल वस्त्र पहने दो पुरुष उनके पास अचानक आ खड़े हुए और बोले, "गलीलियो! आप लोग आकाश की ओर क्यों देखते रहते हैं? वही ईसा, जो आप लोगों के बीच से स्वर्ग में आरोहित कर दिये गये हैं, उसी तरह लौटेंगे, जिस तरह आप लोगों ने उन्हें जाते देखा है।" प्रेरित जैतून नामक पहाड़ से येरूसालेम लौटे। यह पहाड़ येरूसालेम के निकट, विश्राम-दिवस की यात्रा की दूरी पर है। (प्रेरित-चरित 1:6-12)

यीशु का स्वर्गारोहण

प्रभु ईसा अपने शिष्यों से बातें करने के बाद स्वर्ग में आरोहित कर लिये गये और ईश्वर के दाहिने विराजमान हो गये। शिष्यों ने जा कर सर्वत्र सुसमाचार का प्रचार किया। प्रभु उनकी सहायता करते रहे और साथ-साथ घटित होने वाले चमत्कारों द्वारा उनकी शिक्षा को प्रमाणित करते रहे। (मारकुस 16:19-20)

शिष्यों का प्रेषण.

“तब ग्यारह शिष्य गलीलिया की उस पहाड़ी के पास गये, जहाँ ईसा ने उन्हें बुलाया था। उन्होंने ईसा को देख कर दण्डवत् किया, किन्तु किसी-किसी को सन्देह भी हुआ। तब ईसा ने उनके पास आ कर कहा, "मुझे स्वर्ग में और पृथ्वी पर पूरा अधिकार मिला है। इसलिए तुम लोग जा कर सब राष्ट्रों को शिष्य बनाओ और उन्हें पिता, पुत्र और पवित्र आत्मा के नाम पर बपतिस्मा दो। मैंने तुम्हें जो-जो आदेश दिये हैं, तुम-लोग उनका पालन करना उन्हें सिखलाओ और याद रखो- मैं संसार के अन्त तक सदा तुम्हारे साथ हूँ।" (मत्ती. 28:16-20)

प्रतिबिंब: जाओ! यीशु को पिता द्वारा भेजा गया था और उसे पिता के पास वापिस लौटना चाहिए। हमें भी यहाँ पिता द्वारा भेजा गया है और हमें भी उनकी प्रेममयी बाहों में घर लौटना चाहिए। हम यहाँ केवल कुछ समय के लिए हैं और इसलिए हमें अपनी अंतिम मंजिल को ध्यान में रखते हुए प्रत्येक दिन की शुरुआत करनी चाहिए। हम अपने सबसे महत्वपूर्ण उद्देश्य पर फोकस कैसे रखें? चर्च हमें अपने दिन को प्रार्थना की दिनचर्या के साथ व्यवस्थित करना सिखाता है ताकि हम लक्ष्य के रूप में स्वर्ग को प्राप्त कर सकें। सुबह के समय, मरियम के माध्यम से यीशु को अपने पूरे दिन की सुबह की भेंट के साथ आरंभ करें। पारंपरिक प्रात:काल की प्रार्थना या इस पुस्तक की दैनिक मैरियन अभिषेक प्रार्थना इसके प्रमुख उदाहरण हैं। शाम को अंतरात्मा की दैनिक परीक्षा बहुत महत्वपूर्ण होती है। सोने से पहले, मरियम और पवित्र आत्मा के साथ अपना दिन गुजारें और पूछें कि आप अपने मसीही जीवन को कैसे बेहतर बना सकते हैं। किसी भी पाप के लिए यीशु से क्षमा मांगें और अपने पूरे दिन, अच्छे या बुरे के लिए परमेश्वर पिता का धन्यवाद करें। यह सब स्वर्ग में आपके पिता की तरफ से एक उपहार है और आप उस पर भरोसा कर सकते हैं कि यह आपको स्वर्ग में सुरक्षित घर पहुंचाने में मदद करने के लिए तैयार किया गया है। प्रार्थना का तीसरा आवश्यक हिस्सा रोज़री है; प्रत्येक दिन एक दशक से शुरू करें और मरियम को इसे बढ़ाने दें। यह आपके दिन में कभी भी किया जा सकता है, और इसे व्यायाम, ड्राइविंग या कई अन्य दैनिक कार्यों के साथ जोड़ा जा सकता है, जो प्रार्थना के लिए शांत समय की अनुमति देता है। माला वह है जो मरियम हमसे माँगती है और इसके द्वारा हम जीवन भर पवित्र आत्मा में अपने विकास को बनाए रखेंगे। तब हम नए नियम के शास्त्रों के

बारे में बहुत अधिक जानकार बन जाएंगे। इस पुस्तक के परिशिष्ट में रोज़री प्रार्थना करने वालों के 12 वादों का संदर्भ लें। याद रखें: बलिदान के साथ प्रार्थना सबसे शक्तिशाली है!

यीशु ने हमें क्यों छोड़ दिया? उसके स्वर्गारोहण के बाद से, वह हमें दिखाई नहीं दिया। परन्तु उसकी सामर्थ्य और उपस्थिति हमें पवित्र आत्मा के द्वारा दूसरों के माध्यम से उपलब्ध करवाई गई "**प्रभु उनकी सहायता करते रहे और साथ-साथ घटित होने वाले चमत्कारों द्वारा उनकी शिक्षा को प्रमाणित करते रहे।**" (मारकुस 16:19-20) हम कह सकते हैं कि जैसे ही वह स्वर्ग में आरोहित हुआ, यीशु ने समुदाय को न केवल पीटर, जेम्स और जॉन के हाथों में, बल्कि मरियम के हाथों में भी छोड़ दिया। परमेश्वर को दिखाने के लिए कि हम उससे प्रेम करते हैं, और उसका दिव्य प्रेम को प्राप्त करने के लिए हमें अपने पड़ोसी से बलिदानपूर्वक प्रेम करने में सक्रिय होना चाहिए। वह छुपा हुआ है! तो जब हम उसे देख नहीं सकते तो हम यीशु का अनुसरण कैसे करें? हम अपने अगले तीन रहस्यों में इस पर अधिक चर्चा करेंगे।

अभिषेक का सिद्धांत: मरियम को सब कुछ दे दो! एक आदर्श माँ के रूप में, मरियम सुनिश्चित करेगी कि आपके पास वह सब कुछ हो जो आपको परमेश्वर के हाथ से चाहिए। हमारे सभी अभिषेक के सिद्धांतों में, हम हमेशा पारिवारिक जीवन और पाठों पर वापस जाते हैं। परमेश्वर ने परिवार को स्वर्ग का आदर्श बनाने और स्वर्ग प्राप्ति में हमारी मदद करने के लिए बनाया है। एक पति अपनी पत्नी को अपने सभी संसाधन प्रदान करता है, जो बदले में अपने परिवार के लिए अपना सब कुछ दे देती है।बच्चे भी अपने सारे उपहार माँ के पास सुरक्षित रखने के लिए लाते हैं। परिवार के सदस्य माँ पर भरोसा करते हैं; वे जानते हैं कि वह परिवार के हर एक व्यक्ति से प्यार करती है और जानती है कि हर एक को क्या चाहिए। हम मरियम के लिए भी ऐसा ही करते हैं। हम जो उसके प्रति समर्पित हैं, उसे हर दिन, अपने हर विचार, वचन और कर्म दें। वह हमसे प्रत्येक उपहार को स्वीकार करती है, उसमें अपनी प्रार्थना जोड़ती है, और यीशु को दोनों उपहार देती है। इस आदान-प्रदान में, वह हमारे उपहार को वृहत करती है। यीशु ने मरियम के लिए क्रूस पर और यूखारिस्त में अपना सब कुछ दे दिया, इसलिए जब हम मरियम को सब कुछ देते हैं, तो हम यीशु का अनुकरण कर रहे हैं। जिस तरह मां नवजात शिशु के जीवन का केंद्र होती है, उसी तरह वह भी हमारे जीवन

भर की यात्रा के हर पहलू के केंद्र में रहना चाहती है। क्या माताएँ कभी हमारी देखभाल करना बंद कर देती हैं? कभी नहीं!

बहुत से लोग पूछते हैं कि क्या मरियम को सब कुछ देना हमें परमेश्वर को सब कुछ देने से रोकता है? नहीं! यीशु ने सभी कुछ, यहाँ तक कि अपना जीवन, मरियम और हम में से प्रत्येक को और साथ ही साथ, अपने पिता परमेश्वर को दे दिया। जब हम मरियम को अपनी आत्मिक माता और "सदा सहायक" के रूप में प्रेम करते हैं, तो परमेश्वर उस प्रेम को प्राप्त करता है। "तुमने मेरे भाइयों में से किसी एक के लिए, चाहे वह कितना ही छोटा क्यों न हो, जो कुछ किया, वह तुमने मेरे लिए ही किया'।" (मत्ती 25:35-40)

माताएँ अपना सर्वस्व अपने परिवारों को दे देती हैं; वे परिवार में किसी को कम नहीं आँकती। "हम जानते हैं कि जो लोग ईश्वर को प्यार करते हैं और उसके विधान के अनुसार बुलाये गये हैं, ईश्वर उनके कल्याण के लिए सभी बातों में उनकी सहायता करता है;" (रोमियों 8:28) परमेश्वर चाहता है कि हमारे पास एक आध्यात्मिक माँ हो और हम उससे प्यार करना और प्रार्थना करना सीखें - ठीक वैसे ही जैसे हमारी माँ ने हमें सिखाया कि कैसे उससे प्यार करना है जैसे उसने हमसे प्यार किया। परमेश्वर ने नियत किया है कि कोई भी माँ के अंतरंग, त्यागपूर्ण प्रेम के बिना इस जीवन में प्रवेश नहीं करता है और इसलिए वह यह भी चाहता है कि कोई भी हमारी स्वर्गीय माता के अंतरंग, त्यागपूर्ण प्रेम के बिना अनंत जीवन में प्रवेश न करे। पोप जॉन पॉल द्वितीय ने पापल आदर्श वाक्य, "टोटस टुस, मारिया" को अपनाया, जो "पूरी तरह से तुम्हारा, मैरी" के लिए लैटिन अर्थ है।

संतों की गवाही:

1. **संट मेथोडियस (815-885)** "यीशु ने कहा: अपने पिता और अपनी माता का सम्मान करो। इसलिए, अपने आदेश का पालन करने के लिए, उसने अपनी माता को सारा अनुग्रह और सम्मान दिया!" (3)
2. **संट मेरी डे मोंटफोर्ट (1673-1716)** "सबसे पवित्र वर्जिन... जो कभी भी खुद को प्यार और उदारता में पछाड़ने नहीं देती, यह देखते हुए कि हम खुद को पूरी तरह से उसके लिए समर्पित कर

देते हैं, उसी भावना के साथ हमसे मिलने आती है। वह अपना सर्वस्व भी देती है, और उसे एक अवर्णनीय तरीके से देती है, जो उसे सब कुछ देता है।" (15)

3. **संट जॉन वियननी (1786-1859)** "रोज़री के रहस्यों पर श्रद्धा के साथ ध्यान करना और पाप की स्थिति में रहना असंभव है।" (12)

सदाचार पर प्रकाश: यीशु परमेश्वर की इच्छा के साथ मिलन के गुण का अभ्यास कर रहा है क्योंकि स्वर्ग में परमेश्वर की पवित्र उपस्थिति में उसका आरोहण होता है और अपने प्रिय शिष्यों को अलविदा कहता है। वह उन तक पवित्र आत्मा भेजेगा — और शीघ्र ही हमारे पास भी!

सप्ताह की आज्ञा:

(यह औपचारिक आज्ञा नहीं है, परन्तु हमारे प्रभु का निर्देश है) **"माँगो और तुम्हें दिया जायेगा; ढूँढ़ों और तुम्हें मिल जायेगा; खटखटाओं और तुम्हारे लिए खोला जायेगा। क्योंकि जो माँगता है, उसे दिया जाता है; जो ढूँढता है, उसे मिल जाता है और जो खटखटाता है, उसके लिए खोला जाता है।** (मत्ती 7:7-12)

यीशु के स्वर्गारोहण के साथ, जब हमें उसकी आवश्यकता होती है तो हम उसके साथ कैसे जुड़ सकते हैं? उसे ढूंढो और तुम उसे पाओगे! वह अभी भी हमारे साथ और हमारे भीतर पवित्र आत्मा के द्वारा मौजूद है। वह अभी भी आश्चर्यजनक रूप से नए तरीकों के साथ और अप्रत्याशित समय पर स्वयं को हमारे सामने प्रस्तुत करता है। हमें इस बारे में चिंता करने की ज़रूरत नहीं है कि उसे सही तरीके से कैसे खोजा जाए। बस उसको पुकारो, उसकी उपस्थिति और ज्ञान की तलाश करो और धैर्यपूर्वक उसके जवाब की प्रतीक्षा करो। **यीशु, मैं आप पर विश्वास करता हूँ!** वह आपको लंबा इंतजार नहीं करवाएगा। हममें से जिन्होंने मरियम को अपने दिल और घर में आमंत्रित किया है, वे उनकी उपस्थिति को नए और अप्रत्याशित तरीकों से खोजने की उम्मीद कर सकते हैं। वह हर सुबह नया होता है और हमें आश्चर्यचकित करना पसंद करता है, खासकर जब वह हमें उस पर भरोसा करते हुए और उसकी प्रतीक्षा करते हुए देखता है। "**कि प्रभु की कृपा बनी हुई है, उसकी अनुकम्पा समाप्त नहीं हुई है- वह हर सबेरे नयी हो जाती है। उसकी सत्यप्रतिज्ञा अपूर्व है।**" (शोक गीत 3:22-23)

अपने प्रायोजक और/या माता-पिता के साथ विश्वास को साझा करे: आपने कब प्रभु को खोजा और अचानक उन्हें पाया?

कार्य: इस अध्याय को एक साथ पढ़ें और अगले सात दिनों में प्रायोजक या परिवार के साथ प्रतिदिन कम से कम दस बार जोर से प्रार्थना करें। हर सुबह दैनिक अभिषेक प्रार्थना दोहराएं।

पांच महान रहस्यों के लिए दैनिक अभिषेक प्रार्थना

बेदाग़ कुँवारी मरियम, / परमेश्वर की माँ और चर्च की माँ, / आप हमारी सतत् मदद की माँ भी हैं। / आपके लिए प्यार से भरे दिलों के साथ, / हम आपके लिए प्यार से भरे दिलों के साथ, / खुद को आपके बेदाग़ दिल के प्रति समर्पित करते हैं, / ताकि हम समर्पित बच्चे हो सकें/ हमारे लिए हमारे पापों के लिए सच्चा दुःख / और हमारे बपतिस्मा के वादे के प्रति वफादारी प्राप्त करें। हम अपने मन और हृदय को आपके लिए पवित्र करते हैं, / कि हम हमेशा अपने स्वर्गीय पिता की इच्छा पूरी कर सकें। / हम अपने जीवन को आपके लिए पवित्र करते हैं, / ताकि हम परमेश्वर से बेहतर प्रेम कर सकें, / और अपने लिए नहीं, / बल्कि मसीह, आपके पुत्र के लिए जी सकें, / और दूसरों में उसे देखने और उसकी सेवा करने में सक्षम हो सकें। अभिषेक के इस विनम्र कार्य के साथ, / सतत मदद की प्रिय माँ, / हम आपके आदर्श पर अपना जीवन बनाने की प्रतिज्ञा करते हैं, / पूर्ण ईसाई, / ताकि, जीवन में और मृत्यु के बाद आपके लिए समर्पित हो, / हम सभी अनंत काल के लिए आपके दिव्य पुत्र के हो सकते हैं।

टिप्पणियाँ:

सप्ताह 18
पवित्र आत्मा का अवतरण

आत्मा का फल: परमेश्वर का प्रेम (10)

पवित्रशास्त्र: प्रेरित चरित

आत्मा का आना
वहाँ पहुँच कर वे अटारी पर चढ़े, जहाँ वे ठहरे हुए थे। वे थे-पेत्रुस तथा योहन, याकूब तथा सिमोन, जो उत्साही कहलाता था और याकूब का पुत्र यूदस। ये सब एकहृदय हो कर नारियों, ईसा की माता मरियम तथा उनके भाइयों के साथ प्रार्थना में लगे रहते थे।
(प्रेरित-चरित 1:13-14)

जब पेंतेकोस्त का दिन आया और सब शिष्य एक स्थान पर इकट्ठे थे, तो अचानक आँधी-जैसी आवाज आकाश से सुनाई पड़ी और सारा घर, जहाँ वे बैठे हुए थे, गूँज उठा।

उन्हें एक प्रकार की आग दिखाई पड़ी जो जीभों में विभाजित होकर उन में से हर एक के ऊपर आ कर ठहर गयी। वे सब पवित्र आत्मा से परिपूर्ण हो गये और पवित्र आत्मा द्वारा प्रदत्त वरदान के अनुसार भिन्न-भिन्न भाषाएं बोलने लगे।

पृथ्वी भर के सब राष्ट्रों से आये हुए धर्मी यहूदी उस समय येरूसालेम में रहते थे। बहुत-से लोग वह आवाज सुन कर एकत्र हो गये। वे विस्मित थे, क्योंकि हर एक अपनी-अपनी भाषा में शिष्यों को बोलते सुन रहा था। वे बड़े अचम्भे में पड़ गये और चकित हो कर बोल उठे, "क्या ये बोलने वाले सब-के-सब गलीली नहीं है? तो फिर हम में हर एक अपनी-अपनी जन्मभूमि की भाषा कैसे सुन रहा है?

(प्रेरित-चरित 2:1-8)

प्रतिबिंब: जब आप पुष्टिकरण के संस्कार को प्राप्त करने के लिए तैयार होते हैं, तो पवित्र आत्मा को अपने हृदय में आमंत्रित करें और उसके आश्चर्यजनक रूप से नए तरीके से आने की प्रतीक्षा करें। जैसे ही यीशु स्वर्ग में चढ़ा, उसने अपने शिष्यों से वादा किया कि वह पवित्र आत्मा भेजेगा, "**योहन जल का बपतिस्मा देता था, परन्तु थोड़े ही दिनों बाद तुम लोगों को पवित्र आत्मा का बपतिस्मा दिया जायेगा"।**(प्रेरित-चरित 1:5) ईस्टर रविवार के 50 दिन बाद, पेंटेकोस्ट रविवार को, ग्यारह प्रेरित और कई शिष्य, पुरुष और महिलाएँ दोनों, एक घर के ऊपरी कमरे में माँ मरियम के पास इकट्‌ठे हुए। यह वही कमरा था जिसमें यीशु ने उनके साथ अंतिम रात्रि-भोज (पहली सामूहिक सभा) किया था, और यह वह जगह थी जहाँ वह मरे हुओं में से जी उठने के बाद कई बार उनके सामने प्रकट हुआ था। पवित्र आत्मा, पवित्र त्रिमूर्ति का तीसरा व्यक्ति, आग की लपटों और हवा की जीभों में उन सभी पर उतरा, उन्हें एक नया उत्साह और भारी मात्रा में आध्यात्मिक उपहार दिए। इसने उन्हें यीशु के पुनरुत्थान की खुशखबरी की घोषणा करते हुए पृथ्वी के छोर तक जाने का जुनून प्रदान किया। ऊपरी कमरे में प्रत्येक व्यक्ति ने मरियम को अपने दिल में ले लिया था और इस क्षण में, प्रत्येक ने **संत जोसेफ का गुप्त मैरियन आशीर्वाद** प्राप्त किया। उनमें से प्रत्येक ने बहुत ही व्यक्तिगत और अंतरंग तरीके से परमेश्वर से मुलाकात की। आत्मा ने सभी को पुष्टि दी कि यीशु अभी भी वास्तव में उनमें से प्रत्येक के साथ था जैसा कि उसने वादा किया था। **परमेश्वर हमारे साथ है, एम्मानुएल!!**

यह उन लोगों के साथ हुआ जो एक घर में, ऊपर के एक बड़े कमरे में एकत्रित थे। जैसे-जैसे ईसाई समुदाय का विकास हुआ, वे एक घर में एकत्रित होने के लिए बहुत अधिक संख्या में हो गए और अंततः चर्चों का निर्माण किया गया। हम अपने चर्चों में कैथोलिक के रूप में जन साप्ताहिक समारोह मनाने के लिए इकट्‌ठा होते हैं और अंतिम दावत में यीशु द्वारा सिखाई गई यूखरिस्त बलिदान की पेशकश करके पिता परमेश्वर को धन्यवाद देते हैं। पेंटेकोस्ट चर्च का जन्मदिवस है, और अब यह नए विकास के साथ फूटता है। यीशु ने अपने प्रेरितों को सिखाया: **"जो तुम्हारा स्वागत करता है, वह मेरा स्वागत करता है और जो मेरा स्वागत करता है वह उसका स्वागत करता है, जिसने मुझे भेजा है।"** (मत्ती 10:40) इस कमरे में सभी ने माता के रूप में मरियम को ग्रहण किया, और इस प्रकार पवित्र आत्मा को प्राप्त करने के लिए भी वे अब तैयार थे।

PAUL E. CRANLEY (पॉल इ. क्रेनली)

इस चर्च का गठन दो महान आज्ञाओं पर किया गया था जो कि माँ मरियम के बेदाग़ हृदय का एक आदर्श वर्णन है। इस प्रकार, मरियम यीशु को अपने समान पूर्ण रूप से प्रेम करती है क्योंकि वह मनुष्य के किसी भी योगदान के बिना पवित्र आत्मा की शक्ति से उसके भीतर पूरी तरह से बना था। इसके अलावा, वह अपने परमेश्वर को अपने पूरे दिल, पूरी आत्मा, पूरे दिमाग और पूरी ताकत से प्यार करती है क्योंकि उसका बेटा, जिसके साथ उसने अपना हृदय जोड़ा है, उसका प्रभु और उद्धारकर्ता और उसका परमेश्वर है। महत्वपूर्ण रूप से, उसके हृदय में इन दो आज्ञाओं के बीच कोई विरोधाभास या प्रतिस्पर्धा नहीं है क्योंकि उसका पड़ोसी यीशु और उसका प्रभु यीशु एक ही व्यक्ति हैं। तो जब मरियम ने यीशु को यह शिक्षा देते हुए सुना, "**"जो मेरे नाम पर इन बालकों में किसी एक का भी स्वागत करता है, वह मेरा स्वागत करता है और जो मेरा स्वागत करता है, वह मेरा नहीं, बल्कि उसका स्वागत करता है, जिसने मुझे भेजा है।**" (मारकुस 9:37) उसका मातृ हृदय पूरी तरह से समझ गया। पेंटेकोस्ट हमें माँ मरियम को एक अद्वितीय व्यक्ति के रूप में उजागर करने की भी अनुमति देता है। वह परमेश्वर पिता की पुत्री, परमेश्वर पुत्र की माता और परमेश्वर पवित्र आत्मा की पत्नी है। (7) वह दैवीय नहीं बल्कि पवित्र त्रिमूर्ति के प्रत्येक सदस्य के साथ एक अद्वितीय और अंतरंग व्यक्तिगत संबंध बनाये रखने वाली एक इन्सान है। मरियम परमेश्वर से घिरी हुई है और परमेश्वर के साथ हृदय में एकजुट है! हम इसे और अधिक संक्षेप में यह कहकर सारांक्षित कर सकते हैं कि **मरियम परमेश्वर के पुत्र यीशु से अपने समान और अपने पूरे शरीर से प्रेम करती है।** यह अपने बच्चे के लिए एक माँ का प्यार है, और यह हमारे ईसाई विश्वास की नींव है और दो महान आज्ञाओं का प्रतिबिंब है।

आप में से हर एक अपने पुष्टिकरण पर आश्चर्यजनक रूप से नए तरीके से पवित्र आत्मा को प्राप्त करेगा। यदि आप खुले विचार वाले हैं, तो आप अद्वितीय आध्यात्मिक उपहार (परिशिष्ट) भी प्राप्त करेंगे और आत्मा के आध्यात्मिक फल (परिशिष्ट) का अनुभव करेंगे, जो आपके जीवन के दौरान विकसित और परिपक्व होंगे। मसीह के स्वरूप में हमें बनाने के लिए बपतिस्मा के समय आत्मा सबसे पहले हम पर उतरता है। पुष्टिकरण पर, आत्मा का एक नया प्रवाह हमें आध्यात्मिक रूप से परिपक्व होने के लिए सशक्त बनाने के लिए दिया जाता है ताकि हम मसीह के शरीर (चर्च) को शिष्य बनाने में मदद करने के लिए दूसरों की सेवा कर सकें। अपने दैनिक दशक के साथ अपने पुष्टिकरण दिवस की तैयारी करें और

अपने आप को एक संपूर्ण ईमानदार उपहार के रूप में मरियम को दे दें। उसे प्रतिदिन अनुमति दें और वह आपको पवित्र आत्मा की शक्ति के द्वारा यीशु के साथ एक कर देगी।

यहूदी परंपरा में, पुरुष और महिलाएं मंदिर में एक साथ प्रार्थना नहीं कर सकते थे। अब, ऊपरी कक्ष में, वे सभी एक साथ एक ही आत्मा में माता मरियम के साथ प्रार्थना कर रहे हैं। पुरुष उन महिलाओं की सच्ची और हार्दिक भक्ति से प्रेरित होते हैं जो वास्तव में प्रभु से प्यार करती हैं, विशेष रूप से वे महिलाएं जो बलिदानी प्रेम और पीड़ा को जानती हैं और उनका अनुकरण करती हैं। इसी तरह, कई महिलाएं उन पुरुषों के जुनून और जोश से प्रेरित होती हैं जो प्रभु से बहुत प्यार करते हैं और जो उसके लिए पृथ्वी के छोर तक यात्रा करेंगे और यहां तक कि मर भी जाएंगे। हम में से प्रत्येक परमेश्वर के लिए अपने प्रेम को अलग तरीके से व्यक्त करता है। जैसे ही आप अंततः घर छोड़ते हैं, आप अन्य लोगों के साथ पेंटेकोस्ट के इन महत्वपूर्ण अनुग्रहों का अनुभव करेंगे जो प्रार्थना और गीत में एक साथ प्रभु की स्तुति, आराधना और धन्यवाद करने के लिए साप्ताहिक रूप से एकत्रित होते हैं। अपने सभी ईसाई समारोह में मरियम और पवित्र आत्मा को अपने साथ रहने के लिए आमंत्रित करें और आश्चर्यचकित होने के लिए तैयार हो जाएं!

अभिषेक का सिद्धांत: हम जो कुछ भी अपने हृदय में रखते हैं वह हमारे चारों ओर की दुनिया में फैल जाएगा। पेंटेकोस्ट रहस्य बहुत हद तक घोषणा रहस्य जैसा है। घोषणा के समय, मरियम ने परमेश्वर को अपने हृदय और घर में आमंत्रित किया था, और वह पवित्र आत्मा के द्वारा उसके पास एक आश्चर्यजनक तरीके से आया-उसके गर्भ में एक भ्रूण के रूप में, जिसे उसने नौ महीने तक उसकी प्रतीक्षा करने के बाद पूरी तरह से अनुभव किया! अब, प्रारंभिक ईसाई समुदाय मरियम के साथ पवित्र आत्मा को अपने दिलों और घरों में आमंत्रित करने के लिए प्रार्थना कर रहे हैं और वे आश्चर्यजनक और नए तरीकों से परमेश्वर को प्राप्त कर रहे हैं। स्वर्ग से यह उपहार एक समान तरीके से नीचे आ रहा है लेकिन आश्चर्यजनक रूप से अलग-अलग अभिव्यक्तियों के साथ, प्रत्येक को अलग-अलग आध्यात्मिक उपहार दे रहा है। दिलों की एकता के साथ-साथ उपहारों की विविधता दोनों है। यीशु के इस वादे के पूरा होने के लिए उन सभी को 50 दिनों तक इंतजार करना पड़ा लेकिन यह इंतजार

के लायक था। यह पवित्र आत्मा का अनुग्रह और आध्यात्मिक फल है। परमेश्वर हमारे साथ है, एम्मानुएल!

संतो की गवाही:

1. **संट जॉन पॉल द्वितीय (1920-2005)** "मरियम पेंटेकोस्ट में ऊपरी कक्ष में 'नया मातृत्व' लाती है जो क्रॉस के पैर में उसका 'हिस्सा' बन गया। यह मातृत्व उसमें रहना चाहिए, और साथ ही इसे एक 'आदर्श' के रूप में पूरे चर्च को स्थानांतरित किया जाना चाहिए, जो पैरासेलेट (पवित्र आत्मा) के अवतरण के दिन दुनिया के सामने प्रकट होगा"। (34)
2. **वेटिकन डॉक्यूमेंट लुमेन जेंटियम (1964)** "हम प्रेरितों को पेंटेकोस्ट के दिन से पहले 'महिलाओं और मरियम, यीशु की माँ, और अपने भाइयों के साथ प्रार्थना में एक मन से लगे हुए' देखते हैं और मरियम अपनी प्रार्थनाओं द्वारा आत्मा के उपहार की याचना करती है, जो पहले ही उदघोषणा में उस पर हावी हो चुका था।" (16)
3. **संट लुइस मैरी डी मोंटफोर्ट (1673-1716)** "जब पवित्र आत्मा मरियम को एक आत्मा में पाता है, तो वह उसके पास जाता है। वह उसमें प्रवेश करता है और उस आत्मा से बहुतायत में अपना संचार करता है। (3)

सदाचार पर प्रकाश: प्रेरित और शिष्य ऊपरी कक्ष में प्रार्थना में एकत्रित होकर यीशु की आज्ञा का पालन कर रहे हैं और इस प्रकार उन पर और उनके भीतर पवित्र आत्मा का अनुभव कर रहे हैं। **एम्मानुएल, परमेश्वर हमारे साथ है!**

सप्ताह की आज्ञा: (यह एक औपचारिक आज्ञा नहीं है, बल्कि हमारे प्रभु का एक निर्देश है) "... **किन्तु पवित्र आत्मा तुम लोगों पर उतरेगा और तुम्हें सामर्थ्य प्रदान करेगा और तुम लोग येरूसालेम, सारी यहूदिया और सामरिया में तथा पृथ्वी के अन्तिम छोर तक मेरे साक्षी होंगे।**" (प्रेरित-चरित 1:8) जब हम अचानक एक नए तरीके से परमेश्वर से मिलते हैं, तो हमें कुएं की स्त्री की तरह, पुनरुत्थान के बाद मरियम मगदलीनी की तरह और इम्माऊस की ओर जाने वाले उन दोनों की तरह

जवाब देना चाहिए: "उन्होंने अपने मित्रों से कहा, **"मैंने प्रभु को देखा है!"** यह सच्चा सुसमाचार प्रचार है क्योंकि यह अच्छी खबर संचारित कर रहा है। चाहे वे आप पर विश्वास करें या न करें, कहें, "मैं प्रभु से आश्चर्यजनक रूप से नए तरीके से मिला हूँ।" कुछ लोग विश्वास करेंगे, और हो सकता है कि वे उसे अपने तरीके से खोज लें। अच्छी खबर साझा करें! शायद इसीलिए यीशु के स्वर्गारोहण के बाद स्वर्गदूत शिष्यों से कहता है: "... **आप लोग आकाश की ओर क्यों देखते रहते हैं?"** (प्रेरित-चरित 1:11) परमेश्वर से मिलने का आपका व्यक्तिगत और अनूठा अनुभव केवल आपका है और जब तक आप इसे साझा नहीं करते तब तक कोई भी आपकी चमत्कारों वाली व्यक्तिगत कहानी या आपके लिए उनके प्रेम और दया को कभी नहीं जान पाएगा।

अपने प्रायोजक और/या माता-पिता के साथ विश्वास को साझा करे: प्रश्न: पुष्टिकरण पर आप कौन से विशेष उपहार देना चाहेंगे जिनका उपयोग आपके समुदाय के विश्वास को बढ़ाने के लिए किया जा सकता है? अब अपने प्रायोजक के साथ मिलकर परमेश्वर से उन उपहारों के लिए पूछें। कई बार, लेकिन हमेशा नहीं, ये आपकी स्वाभाविक प्रतिभा को निखारेंगे।

कार्य: अध्याय को एक साथ पढ़ें और अगले सात दिनों में प्रत्येक दिन प्रायोजक या परिवार के साथ कम से कम दस प्रार्थना करें। आपकी ओर से मरियम को एक सक्रिय और बलिदानपूर्ण उपहार के रूप में अपनी दैनिक माला अर्पित करें - वह इसे प्यार करती है और आपको आशीर्वाद देगी। हर सुबह नवीनतम दैनिक अभिषेक प्रार्थना दोहराएं:

पांच महान रहस्यों के लिए दैनिक अभिषेक प्रार्थना

बेदाग़ कुँवारी मरियम, / परमेश्वर की माँ और चर्च की माँ, / आप हमारी सतत् मदद की माँ भी हैं। / आपके लिए प्यार से भरे दिलों के साथ, / हम आपके लिए प्यार से भरे दिलों के साथ, / खुद को आपके बेदाग़ दिल के प्रति समर्पित करते हैं, / ताकि हम समर्पित बच्चे हो सकें/ हमारे लिए हमारे पापों के लिए सच्चा दुःख / और हमारे बपतिस्मा के वादे के प्रति वफादारी प्राप्त करें। हम अपने मन और हृदय को आपके लिए पवित्र करते हैं, / कि हम हमेशा अपने स्वर्गीय पिता की इच्छा पूरी कर सकें।

/ हम अपने जीवन को आपके लिए पवित्र करते हैं, / ताकि हम परमेश्वर से बेहतर प्रेम कर सकें, / और अपने लिए नहीं, / बल्कि मसीह, आपके पुत्र के लिए जी सकें, / और दूसरों में उसे देखने और उसकी सेवा करने में सक्षम हो सकें। अभिषेक के इस विनम्र कार्य के साथ, / सतत मदद की प्रिय माँ, / हम आपके आदर्श पर अपना जीवन बनाने की प्रतिज्ञा करते हैं, / पूर्ण ईसाई, / ताकि, जीवन में और मृत्यु के बाद आपके लिए समर्पित हो, / हम सभी अनंत काल के लिए आपके दिव्य पुत्र के हो सकते हैं।

(33)

टिप्पणियाँ:

सप्ताह 19

स्वर्ग में पवित्र मरियम की धारणा

आत्मा का फल: सुखद मृत्यु का अनुग्रह (10)

कैथोलिक धर्मशिक्षा: "अंत में बेदाग वर्जिन, जो मूल पाप के सभी दागों से संरक्षित है, जब उसके सांसारिक जीवन का पाठ्यक्रम समाप्त हो गया था, शरीर और आत्मा को स्वर्गीय महिमा में ले लिया गया था, और प्रभु द्वारा सभी चीजों से ऊपर रानी के रूप में ऊंचा किया गया था, ताकि वह पूरी तरह से अपने बेटे, प्रभुओं के प्रभु और पाप और मृत्यु पर जय पाने वाले के अनुरूप हो सके। (6,#966; 16,35)

(बीजान्टिन लिटर्जी) धन्य कुँवारी की धारणा उसके बेटे के पुनरुत्थान और अन्य ईसाइयों के पुनरुत्थान की प्रत्याशा में एक विलक्षण भागीदारी है: जन्म देने में आपने अपना कौमार्य बनाए रखा; हे परमेश्वर की माता, आपने अपने शयनागार में दुनिया को नहीं छोड़ा, लेकिन जीवन के स्रोत से जुड़ गई। आपकी प्रार्थनाओं से आपने जीवित परमेश्वर को धारण किया और यह हमारी आत्माओं को मृत्यु से मुक्ति दिलाएगा। (फीस्ट ऑफ द डॉर्मिशन*, 15 अगस्त)
*डॉर्मिशन का अर्थ है मरियम का "सो जाना"

प्रतिबिंब: अपनी स्वर्गीय माता से प्रेम करने का प्रयास करें क्योंकि वह आपसे प्रेम करती है और वह आपको सिखाएगी कि परमेश्वर और पड़ोसी से कैसे प्रेम करना है। मरियम अपने शेष जीवन में सेंट जॉन द इवेंजेलिस्ट के साथ शायद इफिसुस में रहीं। पेंटेकोस्ट के दिन प्रत्येक व्यक्ति को परमेश्वर के राज्य का निर्माण करने के लिए अद्वितीय उपहार प्राप्त हुए। जिन लोगों ने नई भाषा सीखी वे उस देश में आम तौर पर जोड़े में प्रचार करने चले गए। इफिसुस में ईसाई समुदाय का निर्माण करने के लिए मरियम और जॉन आत्मा के नेतृत्व में थे। जबकि जॉन, ऐसा माना जाता है कि एक पादरी रहा होगा, तो हमें आश्चर्य है कि मरियम की भूमिका क्या रही होगी।

हर माँ अपने बच्चे के बारे में कहानियाँ बताना पसंद करती है इसलिए हम कल्पना करते हैं कि वह लगातार दूसरों से, विशेषकर नए ईसाइयों से अपने यीशु के बारे में बात कर रही थी और निश्चित रूप से, वह समुदाय में दूसरों के साथ दया के कई कार्य कर रही होगी। ऐसा माना जाता है कि सेंट ल्यूक द इंजीलनिस्ट ने इफिसुस में मरियम और सेंट जॉन दोनों से यीशु के प्रारंभिक जीवन के विवरण के बारे में जाना। "**जो प्रारम्भ से प्रत्यक्षदर्शी और सुसमाचार के सेवक थे, उन से हमें जो परम्परा मिली, उसके आधार पर बहुतों ने हमारे बीच हुई घटनाओं का वर्णन करने का प्रयास किया है।...**" (लूकस 1:1-2)

सभी पुरुषों और महिलाओं को यह सीखने की जरूरत है कि परमेश्वर को स्पष्ट रूप से देखने, परमेश्वर से प्यार करने और परमेश्वर को जानने के लिए मां के बलिदानी प्रेम से परिपूर्ण हृदय से कैसे प्यार करना है। इसलिए परमेश्वर ने हममें से प्रत्येक को एक माँ दी है; यह उसकी इच्छा है कि हम पहली बड़ी आज्ञा सीखने से पहले माँ से दूसरी महान आज्ञा सीखें। जबकि हमारी अपनी माताओं ने हमें त्यागपूर्वक प्रेम करना सिखाने में बहुत अच्छा काम किया होगा, परमेश्वर अपने प्रेम विद्यालय में इस बुनियादी प्रशिक्षण को हमारे उद्धार के लिए इतना महत्वपूर्ण मानते हैं कि उन्होंने हमें सब कुछ सीखने में मदद करने के लिए अपनी माँ भी दे दी ताकि हम जीवन भर विनम्रता से सीखते रहें। हमारी आध्यात्मिक और भावनात्मक परिपक्वता इस प्रशिक्षण पर निर्भर करती है, विशेष रूप से जब युवा वयस्कों के रूप में दुनिया भर में जाने के लिए घर छोड़ने की तैयारी करते हैं।

मरियम को, मरने के बाद, या सोने के बाद, उसे उसकी कब्र से स्वर्ग में ले जाया गया। हमे कैसे पता चला? प्रारंभिक ईसाई तीर्थयात्री उनकी मृत्यु के तुरंत बाद उनके शरीर को देखना चाहते थे और उनकी कब्र पर गए, लेकिन जब उनकी कब्र खोली गई, तो वह वहाँ नहीं थी - ठीक वैसे ही जैसे ईस्टर की सुबह यीशु का शरीर नहीं था। मरियम के लिए, जो निष्पाप थी, स्वर्ग में उठाया जाना आवश्यक था ताकि यीशु हमारा प्रभु हमेशा उनके साथ रहें। मरियम को भी स्वर्ग ले जाया गया ताकि वह सभी के लिए एक सच्ची माँ बन सके। स्वर्ग से, वह पृथ्वी पर प्रत्येक व्यक्ति की व्यक्तिगत रूप से और एक साथ सेवा कर सकती है! उसे स्वर्ग में अपने भौतिक शरीर की भी आवश्यकता है; उसके बाद से

PAUL E. CRANLEY (पॉल इ. क्रेनली)

वह दुनिया के हर देश में कई बार अपने शरीर में प्रकट हुई है, एक माँ, भविष्यवक्ता, शिक्षक, संरक्षक और व्यक्तिगत प्रशिक्षक के रूप में, उनके लिए जो विनम्रतापूर्वक उनकी बात सुनेंगे और उन्हें कोमलता से प्यार करेंगे। आज भी वह बहुतों को दिखाई दे रही है- क्या हम उनकी बात सुनेंगे? वह हमें वह सब बनने में मदद करना चाहती है जो परमेश्वर चाहता है, कि हम बनें अर्थात एक संत। उसे केवल हमारी अनुमति चाहिए, हमारी हाँ, प्रतिदिन। किसी भी अच्छी माँ की तरह, वह हमें पूरी तरह से प्यार करती है और बदले में हमारा पूरा प्यार चाहती है। साथ ही, वह हमारी देखभाल करनी कभी बंद नहीं करती! उनके साथ प्यार में एकजुट होना आश्चर्यजनक रूप से नए तरीकों से परमेश्वर को हमारे जीवन में लाएगा। आज ही मरियम को हाँ कहो, और हर सुबह जब आप जागोगे—तो आप कभी नहीं पछताओगे! जो मरियम को ग्रहण करता है, वह यीशु को ग्रहण करता है—ये उसका वादा है!

अभिषेक का सिद्धांत: "पड़ोसी के प्रेम के माध्यम से ही हम परमेश्वर के प्रेम को जान सकते हैं।" (पोप बेनेडिक्ट XVI) दूसरी महान आज्ञा प्रथम महान आज्ञा को सीखने के लिए एक आवश्यक पूर्वापेक्षित प्रशिक्षण है। अपने शिशु के लिए एक माँ की सबसे पहली ज़िम्मेदारी अपने बच्चे को त्यागपूर्वक प्यार करना है और उसे यह सिखाना है कि उस त्यागपूर्ण प्रेम का प्रत्युत्तर कैसे देना है। इस तरह, वह अपने पड़ोसी से अपने समान प्रेम करती है और दूसरी बड़ी आज्ञा का अनुकरण करने के लिए अपने बच्चे का मार्गदर्शन करती है। वह अपने शिशु की सभी जरूरतों को पूरा करने में बहुत सक्रिय है, और वह चाहती है कि उसका बच्चा बदले में उसे प्यार करने में उतना ही सक्रिय हो। आप कितनी बार युवा माताओं को अपने बच्चे से चुंबन, मुस्कान और गाने और स्नेह के अन्य कृत्यों को करते हुए देखते हैं? जैसा कि हम मरियम को सक्रिय रूप से प्यार करते हैं, वह उस प्यार का आदान-प्रदान करती है और हमारे एकजुट दिल एक साथ और करीब आ जाते हैं। वह हमें परमेश्वर से बात करना और अपनी माला की प्रार्थना करना सिखाती है। पहली बड़ी आज्ञा को अच्छी तरह से सीखने से पहले चलिए हम दूसरी बड़ी आज्ञा सीखते हैं: सभी चीजों से ऊपर है परमेश्वर से प्रेम करना। हम जानते हैं कि हम इनमें से कम से कम प्रेम में जो करते हैं, अपने प्रभु के लिए करते हैं। आखिरकार हम यीशु मसीह के महान प्रेमी बन जाएंगे क्योंकि मरियम ने हमें प्रेम, विनम्रता, आज्ञाकारिता और विश्वास के गुणों का उपदेश दिया है।

संतो की गवाही:

1. **संट जॉन पॉल द्वितीय (1920-2005)** "मरियम उस मार्ग पर है जो पिता से मानवता तक जाती है, एक माँ के रूप में जो सभी को अपने उद्धारकर्ता पुत्र को देती है। साथ ही, वह उस मार्ग पर है जिस पर मनुष्य को आत्मा में मसीह के माध्यम से पिता के पास पहुँचने के लिए अवश्य चलना चाहिए।" (एफ़ेसियों 2:18) (36)
2. **संट लुइस मैरी डी मोंटफोर्ट (1673-1716)** "धन्य वर्जिन के लिए सच्ची भक्ति पवित्र है। यह हमें पाप से बचने और मरियम के गुणों का अनुकरण करने की ओर ले जाती है: उनकी गहरी विनम्रता, जीवंत विश्वास, तत्पर आज्ञाकारिता, निरंतर प्रार्थना, सार्वभौमिक वैराग्य, दिव्य पवित्रता, प्रबल दान, वीरतापूर्ण धैर्य, स्वर्गदूतों की मिठास और स्वर्गीय बुद्धिमता की ओर। (3)
3. **संट जॉन पॉल द्वितीय (1920-2005)** "आप मरियम के प्रति अपनी भक्ति उनके पर्व मनाकर, उनके सम्मान में दैनिक प्रार्थना और विशेष रूप से माला, और उनके जीवन का अनुकरण करके दिखाते हैं। कामना करता हूँ कि यह भक्ति हर दिन मजबूत होती जाए। (12)

सदाचार पर प्रकाश: मरियम को, शरीर और आत्मा संग स्वर्ग में ले जाया गया। तब से, वह किसी और आत्मा से बिना कुछ भी लिए हुए, सभी के लिए, एक माँ और व्यक्तिगत प्रशिक्षक है। वह, साथ ही, स्वर्ग और पृथ्वी की रानी है, जो अपने बेटे यीशु के साथ शासन कर रही है। वे हमेशा हृदयों से जुड़े रहते हैं। उनके हृदयों की यह एकता मैरियन अभिषेक और सभी सद्गुणों का शक्ति स्रोत है। आइए हम अपने हृदयों को उनके साथ जोड़ दें!

सप्ताह की आज्ञा: (यह औपचारिक आज्ञा नहीं है, परन्तु हमारे प्रभु का निर्देश है) "**इसलिए तुम लोग जा कर सब राष्ट्रों को शिष्य बनाओ और उन्हें पिता, पुत्र और पवित्र आत्मा के नाम पर बपतिस्मा दो। मैंने तुम्हें जो-जो आदेश दिये हैं, तुम-लोग उनका पालन करना उन्हें सिखलाओ और याद रखो- मैं संसार के अन्त तक सदा तुम्हारे साथ हूँ।**" (मत्ती 28:19-20)

प्रायोजक और/या माता-पिता के साथ अपने विश्वास को साझा करना: क्या आपने पिछले 18 सप्ताहों में अपने किसी मित्र के साथ जो सीखा है, उसके बारे में कुछ साझा किया है? इसे कैसे पाया?, क्या आपको स्वीकार किया गया था या सताया गया था?

कार्य: इस अध्याय को एक साथ पढ़ें और अगले सात दिनों में प्रायोजक या परिवार के साथ प्रतिदिन कम से कम दस बार जोर से प्रार्थना करें। हर सुबह दैनिक अभिषेक प्रार्थना दोहराएं।

पांच महान रहस्यों के लिए दैनिक अभिषेक प्रार्थना

**बेदाग़ कुँवारी मरियम, / परमेश्वर की माँ और चर्च की माँ, /
आप हमारी सतत् मदद की माँ भी हैं। / आपके लिए प्यार से भरे
दिलों के साथ, / हम आपके लिए प्यार से भरे दिलों के साथ, /
खुद को आपके बेदाग़ दिल के प्रति समर्पित करते हैं, / ताकि हम
समर्पित बच्चे हो सकें/ हमारे लिए हमारे पापों के लिए सच्चा दुःख
/ और हमारे बपतिस्मा के वादे के प्रति वफादारी प्राप्त करें।
हम अपने मन और हृदय को आपके लिए पवित्र करते हैं, /
कि हम हमेशा अपने स्वर्गीय पिता की इच्छा पूरी कर सकें।
/ हम अपने जीवन को आपके लिए पवित्र करते हैं, / ताकि
हम परमेश्वर से बेहतर प्रेम कर सकें, / और अपने लिए नहीं,
/ बल्कि मसीह, आपके पुत्र के लिए जी सकें, / और दूसरों
में उसे देखने और उसकी सेवा करने में सक्षम हो सकें।
अभिषेक के इस विनम्र कार्य के साथ, / सतत मदद की प्रिय माँ, /
हम आपके आदर्श पर अपना जीवन बनाने की प्रतिज्ञा करते हैं, / पूर्ण
ईसाई, / ताकि, जीवन में और मृत्यु के बाद आपके लिए समर्पित हो,
/ हम सभी अनंत काल के लिए आपके दिव्य पुत्र के हो सकते हैं।**

(33)

टिप्पणियाँ:

सप्ताह 20

स्वर्ग की रानी मरियम की ताज-पोशी

आत्मा का फल: मरियम की मध्यस्थता पर विश्वास (10)

पवित्रशास्त्र: "तब स्वर्ग में ईश्वर का मन्दिर खुल गया और मन्दिर में ईश्वर के विधान की मंजूषा दिखाई पड़ी। बिजलियां, वाणियाँ एवं मेघगर्जन उत्पन्न हुए, भूकम्प हुआ और भारी ओला-वृष्टि हुई। आकाश में एक महान् चिह्न दिखाई दिया: सूर्य का वस्त्र ओढ़े एक महिला दिखाई पड़ी। उसके पैरों तले चन्द्रमा था और उसके सिर पर बारह नक्षत्रों का मुकुट।

वह गर्भवती थी और प्रसव-वेदना से पीड़ित हो कर चिल्ला रही थी।

तब आकाश में एक अन्य चिह्न दिखाई पड़ा- लाल रंग का एक बहुत बड़ा पंखदार सर्प। उसके सात सिर थे, दस सींग थे और हर एक सिर पर एक मुकुट था।

उसकी पूँछ ने आकाश के एक तिहाई तारे बुहार कर पृथ्वी पर फेंक दिये। वह पंखदार सर्प प्रसव-पीड़ित महिला के सामने खड़ा रहा, जिससे वह नवजात शिशु को निगल जाये।

उस महिला ने एक पुत्र प्रसव किया, जो लोह-दण्ड से सब राष्ट्रों पर शासन करेगा। किसी ने उस शिशु को उठाकर ईश्वर और उसके सिंहासन तक पहुंचा दिया (प्रकाशना ग्रन्थ 11:19-12:5)

प्रतिबिंब: तो मरियम के बारे में इस अंश में सेंट जॉन द इवेंजेलिस्ट ने वाचा के सन्दूक का उल्लेख क्यों किया था? ऐतिहासिक सन्दूक एक पवित्र तम्बू था जिसमें तीन अत्यधिक सम्मानित वस्तुएँ थीं: हारून महायाजक का स्टाफ, मन्ना का एक पात्र जो यहूदियों को रेगिस्तान में खिलाता था; और परमेश्वर की ओर से मूसा को दी गई दस आज्ञाओं की

पटियाएं। धर्मशास्त्री मरियम को नए सन्दूक के रूप में देखते हैं, क्योंकि जब वह गर्भवती थी, तो उसने अपने भीतर यीशु को मसीहा और नए महायाजक के रूप में समाहित किया, जो जीवन की अनन्त रोटी और परमेश्वर का शाश्वत वचन है। हम ध्यान देते रहे हैं कि महान आज्ञाएं, जो कानून और भविष्यवक्ताओं को सारांशित करती हैं, माताओं के हृदय में देखी जा सकती हैं, सबसे पूर्ण रूप से माता मरियम के हृदय में। यह नए सन्दूक के रूप में मरियम के प्रतीकवाद के अनुरूप भी है क्योंकि दस आज्ञाएँ सन्दूक में थीं। "**प्रभु स्वयं तुम्हें एक चिह्न देगा और वह यह है - एक कुँवारी गर्भवती है। वह एक पुत्र को प्रसव करेगी और वह उसका नाम इम्मानूएल रखेगी।**" (इसायाह 7:14)

ऐतिहासिक रूप से, सन्दूक यहूदियों के साथ ही यात्रा करता था और हमेशा उनके साथ रहा था, सिवाय उस समय के जब इसे इस्राएल के शत्रुओं पर विजय प्राप्त करने के लिए युद्ध में ले जाया गया था। इसी तरह, आइए हम मरियम को अपने दिलों में और अपने घरों में ईसाई जगत के दुश्मनों पर विजय पाने के लिए ले जाएं, जैसा कि 16वीं सदी के ईसाइयों ने 1571 में लेपैंटो की लड़ाई में किया था।

अपने पूरे जीवन में, मरियम को उनके अनन्त भाग्य के लिए तैयार किया जा रहा था: स्वर्ग और पृथ्वी की नई और शाश्वत हव्वा बनने के लिए। आप भी अपने अनन्त काल के लिए तैयार हो रहे हैं। केवल परमेश्वर ही जानता है कि उसने आपके लिए क्या रखा है और उस महान नियति तक पहुँचने का एकमात्र रास्ता है निरंतर परमेश्वर और पड़ोसी से प्रेम करना और उसकी आज्ञाओं का पालन करना। माँ मरियम, जो निष्पाप और पूर्ण ईसाई हैं, आपकी मदद करेंगी; उसकी ओर मुड़ें और वह आपका नेतृत्व करेगी। अपने आप को मरियम के लिए समर्पित करने से आप भी उनकी तरह एक दिव्य उद्देश्य के लिए चुने जाएंगे। मरियम को सक्रिय रूप से प्यार करें और वह आपसे प्यार करेगी और बाकी काम वह उनकी कृपाओं से करेंगी। वह आपको एक संत बनने में मदद करने के लिए आपकी निजी प्रशिक्षक और साथी बनेगी और आप हमेशा के लिए उन्हें अपनी प्यारी माँ के रूप में रखेंगे।

अभिषेक का सिद्धांत: प्रार्थना और स्तुति के प्रति वफादार रहें। मदर टेरेसा ने अपनी 'दया की बहन' को प्रत्येक आत्मा द्वारा किए जाने वाले कर्तव्यों की एक सूची दी जो प्रत्येक आत्मा को मरियम के लिए

करने हैं और मरियम द्वारा हमारे लिए किए जाने वाले कर्तव्यों की एक सूची भी प्रदान की। हमारे कर्तव्यों में से एक कर्तव्य "प्रार्थना के प्रति निष्ठा" है। (8) मरियम के प्राथमिक कर्तव्यों में से एक प्रार्थना और प्रशंसा के अपने अनुभव को हमारे साथ साझा करना है। इन कर्तव्यों में से बचे हुए कर्तव्य का विवरण इस पुस्तक के परिशिष्ट में सूचीबद्ध हैं। यदि आप मरियम के लिए समर्पित हैं और पुष्टिकरण में पवित्र आत्मा से संपन्न हैं, तो आप मरियम से प्रार्थना करना सीखेंगे, विशेष रूप से रोज़री। यह उन्हें बहुत प्रिय है। हर माँ अपने बच्चे को अपनी भाषा बोलना सिखाती है और जब हम रोज़री प्रार्थना करते हैं, तो हम उससे सीख रहे हैं कि स्वर्ग की भाषा कैसे बोलनी है। उनकी माला की प्रार्थना करने में सक्रिय रहें।

संतो की गवाही:

1. **पोप संेंट जॉन** XXIII **(1881-1963)** “बेदाग़ गर्भाधान में मरियम की ओर से किया गया बलिदान भी शामिल है। इसलिए, यदि हमारा जीवन बलिदान के बारे में कुछ नहीं जानता है, तो हम स्वयं को प्रभु और उनकी माता की पसंदीदा संतान नहीं मान सकते।” (3)
2. **हंगरी की सेंट एलिज़ाबेथ (1207-1231)** "धन्य कुँवारी ने एक बार मुझसे कहा था, ‘आप सोचते हैं कि मैंने बिना प्रयास के कृपा और सदगुण प्राप्त किए हैं। यह जान लें कि मुझे बिना महान श्रम, निरंतर प्रार्थना, तीव्र इच्छाओं, और बहुत से आँसुओं और वैराग्य के परमेश्वर से कोई अनुग्रह नहीं मिला है।’” (3)
3. **लिसीक्स की सेंट टेरेसा (1873-1897)** “मुझे लगता है कि मैं माला को इतने अच्छे तरीके से नहीं जपती हूँ! मैं रोज़री के रहस्यों पर ध्यान करने के लिए एकाग्र प्रयास करती हूँ, लेकिन मैं अपनी एकाग्रता पर ध्यान केंद्रित करने में असमर्थ हूँ। लंबे समय तक, मैं अपनी भक्ति की कमी के बारे में निराश थी, जिसने मुझे चकित कर दिया क्योंकि मैं धन्य कुँवारी से इतना प्यार करती हूँ कि उनके सम्मान में प्रार्थना करना आसान होना चाहिए था जिससे वह बहुत प्रसन्न हों। लेकिन अब मैं कम दुखी हूँ, क्योंकि मुझे लगता है कि स्वर्ग की रानी, जो मेरी माँ भी हैं, मेरे अच्छे इरादों को देखेंगी और वह उनसे प्रसन्न होंगी। (12)

सदाचार पर प्रकाश: स्वर्ग और पृथ्वी की रानी के रूप में, मरियम परमेश्वर का अनुग्रह सभी आत्माओं को प्रदान करती है। वह सभी सद्गुणों की जननी हैं और वह आपकी सहमति, आपके निमंत्रण की प्रतीक्षा कर रही हैं कि वह एक दासी के रूप में आपके हृदय में आए। वह आपको वह सब कुछ सिखाएगी जिसकी आपको जीवन के हर पड़ाव पर जरूरत है। वह हमारी माँ सतत मदद के लिए हमेशा तैयार है। उससे सीखें कि उसे कैसे प्रेम करना है और परमेश्वर से कैसे प्रेम करना है।

सप्ताह की आज्ञा: (यह एक औपचारिक आज्ञा नहीं है, बल्कि प्रभु का एक निर्देश है) **"तुम अपने को पवित्र करो और पवित्र बने रहो। मैं प्रभु, तुम्हारा ईश्वर हूँ; तुम मेरी विधियों का पालन करोगे और उनके अनुसार आचरण करोगे। मैं वह प्रभु हूँ जो तुमको पवित्र करता है।"** (लेवी 20:7-8) यहां दो आज्ञाएं दी गई हैं, दूसरी उन आज्ञाओं का पालन करने की है जिनके बारे में हम पुष्टिकरण की ओर अपनी यात्रा पर चर्चा करते रहे हैं। पहला अपने आप को समर्पित करने का आह्वान है, जिसका अर्थ इस संदर्भ में एक पवित्र उद्देश्य के लिए खुद को अलग करना है। अभिषेक का अर्थ है पवित्र बनाना या किसी उच्च उद्देश्य के लिए समर्पित करना। कॉन्सक्रेट शब्द का "सेकर" भाग लैटिन शब्द "सेकर" से आया है। हमारे प्रभु ने अंतिम भोज के दौरान हमारे पवित्र होने की बात कही थी:
"तू सत्य की सेवा में उन्हें समर्पित कर। तेरी शिक्षा ही सत्य है। जिस तरह तूने मुझे संसार में भेजा है, उसी तरह मैंने भी उन्हें संसार में भेजा है। मैं उनके लिये अपने को समर्पित करता हूँ, जिससे वे भी सत्य की सेवा में समर्पित हो जायें। मैं न केवल उनके लिये विनती करता हूँ, बल्कि उनके लिये भी जो, उनकी शिक्षा सुनकर मुझ में विश्वास करेंगे। सब-के-सब एक हो जायें। पिता! जिस तरह तू मुझ में है और मैं तुझ में, उसी तरह वे भी हम में एक हो जायें, जिससे संसार यह विश्वास करे कि तूने मुझे भेजा।" (योहन 17: 17-21)

सेंट पॉल ने सेंट तीमूथी की भेजे गए अपने पत्र में अभिषेक के मतलब के बारे में बताया: **"जो मनुष्य इस प्रकार का दूषण अपने से दूर करेगा, वह एक ऐसा पात्र बनेगा, जो ऊँचे प्रयोजन के लिए है, पवित्र, गृहस्वामी के योग्य और हर प्रकार के सत्कार्य के लिए उपयुक्त है। तुम युवावस्था की वासनाओं से दूर रहो और उन सबों के साथ, जो निष्कपट हृदय से प्रभु का नाम लेते हैं, धार्मिकता, विश्वास, प्रेम तथा शान्ति की साधना करते रहो।"** (2 तिमथी 2:21-22)

PAUL E. CRANLEY (पॉल इ. क्रेनली)

हममें से जो मरियम के हाथ से खुद को यीशु के लिए समर्पित करते हैं, वे परिशिष्ट में दी गई प्रार्थना की तरह समर्पण की एक छोटी प्रार्थना के साथ खुद को प्रतिदिन पुनः समर्पित करते हैं। यह याद रखें! यह लगभग हर सुबह मरियम को गले लगाने और अपने आप को याद दिलाने के लिए काम करता है कि हम उसे "BAR" विधि का उपयोग जारी रखने की और हमें उसके बेटे यीशु के पास ले जाने की अनुमति दे रहे हैं। हम अपना पूरा दिन उसके हाथों से यीशु को अर्पित कर रहे हैं। उनकी सेवा के लिए खुद को फिर से समर्पित करने के एक तरीके के रूप में, हम हर साल, आमतौर पर अपनी सालगिरह की तारीख पर खुद को फिर से समर्पित करते हैं। माँ हमारी देखभाल करना कभी बंद नहीं करतीं–कभी भी नहीं!

प्रायोजक और/या माता-पिता के साथ अपने विश्वास को साझा करना:
प्रश्न: आपके पास कौन से विशेष प्राकृतिक उपहार हैं जिनका उपयोग आप अपने परिवार या पड़ोसियों के लिए दया के कार्य करने के लिए कर सकते हैं? अपने उपहारों के लिए परमेश्वर का धन्यवाद करें और उनसे कहें कि वह आपको दिखाएं कि उन्हें दूसरों को कैसे पेश किया जाए। एक साथ योजना बनाएं कि आप मरियम के लिए अपनी पुष्टि और अभिषेक को कैसे मनाएंगे (सुझावों के लिए परिशिष्ट देखें)।

कार्य: अध्याय को एक साथ पढ़ें और अगले सात दिनों में प्रत्येक दिन प्रायोजक या परिवार के साथ कम से कम दस बार जोर से प्रार्थना करें। आपकी ओर से मरियम को एक सक्रिय और बलिदानपूर्ण उपहार के रूप में अपनी दैनिक माला अर्पित करें–वह इसे प्यार करती है और आपको आशीर्वाद देगी। हर सुबह दैनिक अभिषेक प्रार्थना दोहराएं:

पांच महान रहस्यों के लिए दैनिक अभिषेक प्रार्थना

बेदाग़ कुँवारी मरियम, / परमेश्वर की माँ और चर्च की माँ, / आप हमारी सतत् मदद की माँ भी हैं। / आपके लिए प्यार से भरे दिलों के साथ, / हम आपके लिए प्यार से भरे दिलों के साथ, / खुद को आपके बेदाग़ दिल के प्रति समर्पित करते हैं, / ताकि हम समर्पित बच्चे हो सकें/ हमारे लिए हमारे पापों के लिए सच्चा दुःख / और हमारे बपतिस्मा के वादे के प्रति वफादारी प्राप्त करें।

हम अपने मन और हृदय को आपके लिए पवित्र करते हैं, / कि हम हमेशा अपने स्वर्गीय पिता की इच्छा पूरी कर सकें। / हम अपने जीवन को आपके लिए पवित्र करते हैं, / ताकि हम परमेश्वर से बेहतर प्रेम कर सकें, / और अपने लिए नहीं, / बल्कि मसीह, आपके पुत्र के लिए जी सकें, / और दूसरों में उसे देखने और उसकी सेवा करने में सक्षम हो सकें। अभिषेक के इस विनम्र कार्य के साथ, / सतत मदद की प्रिय माँ, / हम आपके आदर्श पर अपना जीवन बनाने की प्रतिज्ञा करते हैं, / पूर्ण ईसाई, / ताकि, जीवन में और मृत्यु के बाद आपके लिए समर्पित हो, / हम सभी अनंत काल के लिए आपके दिव्य पुत्र के हो सकते हैं।

(33)

अंतिम प्रतिज्ञा

मैं,_____ माँ मरियम, आपके सामने प्रतिज्ञा करता/करती हूँ, कि मैं अगले 5 हफ्तों में अपने प्रायोजक और/ या परिवार के सदस्यों के साथ प्रत्येक पाठ का ईमानदारी से अध्ययन करूँगा/करूँगी और कम से कम दस बार तक आपकी सबसे पवित्र माला की प्रार्थना करूँगा/करुँगी। आपके पुत्र ने हमें एक नई आज्ञा सिखाई है: "एक दूसरे से वैसा ही प्रेम करो जैसा मैंने तुमसे प्रेम किया है।" मैं आपसे कहता/कहती हूँ, माँ, मुझे भी सिखाएं कि मैं भी आपसे ऐसे ही प्यार करूं जैसे आप मुझे करती हैं। मैं आपकी मदद से सीखना चाहता/चाहती हूं कि परमेश्वर और पड़ोसी को उनकी दिव्य इच्छा के अनुसार कैसे प्यार करना है। मैं पिता, पुत्र और पवित्र आत्मा के नाम से यह प्रार्थना करता/करती हूँ। आमीन।

उम्मीदवार द्वारा हस्ताक्षरित व दिनांक:_____
प्रायोजक के हस्ताक्षर: _____

PAUL E. CRANLEY (पॉल इ. क्रेनली)

उनका अविश्वसनीय प्यार

पेंटेकोस्ट**के दिन,** प्रेरित **"अचम्भे में और चकित"** थे (प्रेरित-चरित 2:7) जब हम आश्चर्यजनक रूप से नए तरीके से परमेश्वर का अनुभव करते हैं तो हमारी प्रतिक्रिया **अचम्भे** वाली होती है। सेंट जॉन पॉल द्वितीय ने लिखा: "वास्तव में, मनुष्य के मूल्य और गरिमा पर उस गहरे अचम्भे का नाम सुसमाचार है, अर्थात शुभ समाचार। इसे ईसाई धर्म भी कहा जाता है। **(रिडेम्प्टर होमिनस, 1979)**

अभिषेक का दिन

एक बार जब आप तैयारी के इन बीस हफ्तों की यात्रा को पूरी कर लें, तो औपचारिक रूप से खुद को हमारी धन्य माँ को समर्पित करने के लिए एक दिन अलग से रखें। यह परिवार और प्रायोजक के साथ, या आपकी पुष्टिकरण कक्षा के साथ मिलकर किया जा सकता है। इस समारोह को लंबा रखने की जरूरत नहीं है। अपनी पुष्टि के ठीक बाद या किसी अन्य दिन जो हमारी धन्य माँ के लिए विशेष हो, इसे करें। मरियम के दावत के दिन हमेशा अच्छे विकल्प होते हैं और परिशिष्ट में सूचीबद्ध होते हैं।

उनके लिए कुछ फूल लाएँ और अपने प्रायोजक या परिवार या सहपाठियों के साथ सप्ताह 20 में दी गई हमारी माँ की सतत मदद के लिए अभिषेक प्रार्थना का पाठ करें। इस प्रार्थना को सभी एक साथ कर सकते हैं। अपने अभिषेक की तिथि अपनी पुस्तक में लिखें और उस पर हस्ताक्षर करें। इस पुस्तक को जीवन भर के लिए प्रार्थना पुस्तक के रूप में रखें। इसमें, आप माँ मरियम से मिलने वाले भविष्य के सभी विशेष अनुग्रहों को रिकॉर्ड कर सकते हैं। यह किताब आपके पूरे जीवन के लिए यादगार बन जाएगी।

उम्मीदवार द्वारा हस्ताक्षरित व दिनांक:_____
प्रायोजक के हस्ताक्षर: _____

अभिषेक दिवस के बाद

संतों ने प्रतिदिन सुबह का समय मरियम को एक छोटी अभिषेक प्रार्थना अर्पित करने की आदत को चुना है ताकि वे मरियम को प्रतिदिन अनुमति दिलाने के अपने निर्णय की याद दिला सकें। यह हर दिन माँ मरियम को गले से लगाने जैसा है। आप परिशिष्ट में पाई जाने वाली कई अभिषेक प्रार्थनाओं में से किसी एक को चुन सकते हैं।

माँ अपने बच्चे से प्रतिदिन क्या सुनना नहीं चाहती?

इसके अलावा, संत हर साल उसी वर्षगाँठ पर 33-दिवसीय अभिषेक कार्यक्रम के माध्यम से खुद को मरियम के लिए फिर से समर्पित करेंगे, जैसे कि फादर माइकल गैटली, एमआईसी. द्वारा पेश किया गया उत्कृष्ट कार्यक्रम "33 डेज टू मॉर्निंग ग्लोरी।" (1)

अभिवादन

आपकी पुष्टिकरण यात्रा के दौरान माँ मरियम और पवित्र आत्मा के करीब आने के लिए समय निकालने के लिए, उम्मीदवार और प्रायोजक का धन्यवाद। मैं आपके साथ मूसा, संट पॉल, हमारे प्रभु और संट मैक्सिमिलियन कोल्बे के अभिवादन के कुछ क्षणों को साझा करना चाहता हूँ। ये शुरुआती भाषणों की याद दिलाते हैं, जो आमतौर पर हाई स्कूल या कॉलेज से स्नातक करने वाले समूहों को दिए जाते हैं। इनका आनंद लें और इन पर विचार करें क्योंकि आप अपने मैरियन अभिषेक को प्रतिदिन जारी रखते हैं। अलविदा। मुझे उम्मीद है कि हम सब स्वर्ग में मिलेंगे।
मसीह में आपका, पॉल क्रैनली

मूसा का अभिवादन

"आज मैं तुम लोगों के सामने जीवन और मृत्यु, भलाई और बुराई दोनों रख रहा हूँ। तुम्हारे प्रभु-ईश्वर की जो आज्ञाएँ मैं आज तुम्हें दे रहा हूँ, यदि तुम उनका पालन करोगे, यदि तुम अपने प्रभु-ईश्वर को प्यार करोगे, उसके मार्ग पर चलोगे और उसकी आज्ञाओं विधियों तथा नियमों का पालन करोगे, तो जीवित रहोगे, तुम्हारी संख्या बढ़ती जायेगी और जिस देश पर तुम अधिकार करने जा रहे हो, उस में प्रभु-ईश्वर तुम्हें आशीर्वाद प्रदान करेगा।
परन्तु यदि तुम्हारा मन भटक जायेगा, यदि तुम नहीं सुनोगे और अन्य देवताओं की आराधना तथा सेवा के प्रलोभन में पड़ जाओगे, तो मैं आज तुम लोगों से कहे देता हूँ कि तुम अवश्य ही नष्ट हो जाओगे और यर्दन नदी पार कर जिस देश पर अधिकार करने जा रहो हो, वहाँ तुम बहुत समय तक नहीं रहने पाओगे।
मैं आज तुम लोगों के विरुद्ध स्वर्ग और पृथ्वी को साक्षी बनाता हूँ - मैं तुम्हारे सामने जीवन और मृत्यु, भलाई और बुराई रख रहा हूँ।
तुम लोग जीवन को चुन लो, जिससे तुम और तुम्हारे वंशज जीवत रह सकें। अपने प्रभु-ईश्वर को प्यार करो, उसकी बात मानो और उसकी सेवा करते रहो। इसी में तुम्हारा जीवन है और ऐसा करने से तुम बहुत

समय तक उस देश में रह पाओगे, जिसे प्रभु ने शपथ खा कर तुम्हारे पूर्वजों - इब्राहीम, इसहाक और याकूब को देने की प्रतिज्ञा की है।"
(विधि-विवरण 30:15-20)

धन्य वचन; यीशु राज्यों की आशीषों का वर्णन करते हुए

“"धन्य हैं वे, जो अपने को दीन-हीन समझते हैं! स्वर्गराज्य उन्हीं का है।
धन्य हैं वे जो नम्र हैं! उन्हें प्रतिज्ञात देश प्राप्त होगा।
धन्य हैं वे, जो शोक करते हैं! उन्हें सान्त्वना मिलेगी।
घन्य हैं, वे, जो धार्मिकता के भूखे और प्यासे हैं! वे तृप्त किये जायेंगे।
धन्य हैं वे, जो दयालू हैं! उन पर दया की जायेगी।
धन्य हैं वे, जिनका हृदय निर्मल हैं! वे ईश्वर के दर्शन करेंगे।
धन्य हैं वे, जो मेल कराते हैं! वे ईश्वर के पुत्र कहलायेंगे।
धन्य हैं वे, जो धार्मिकता के कारण अत्याचार सहते हैं! स्वर्गराज्य उन्हीं का है। धन्य हो तुम जब लोग मेरे कारण तुम्हारा अपमान करते हैं, तुम पर अत्याचार करते हैं और तरह-तरह के झूठे दोष लगाते हैं।
खुश हो और आनन्द मनाओ - स्वर्ग में तुम्हें महान् पुरस्कार प्राप्त होगा। तुम्हारे पहले के नबियों पर भी उन्होंने इसी तरह अत्याचार किया।
(मत्ती 5:3-12)

यीशु की उनके शिष्यों के लिए विदाई (सेंट जॉन)

जिस प्रकार पिता ने मुझ को प्यार किया है, उसी प्रकार मैंने भी तुम लोगों को प्यार किया है। तुम मेरे प्रेम से दृढ बने रहो। यदि तुम मेरी आज्ञओं का पालन करोगे तो मेरे प्रेम में दृढ बने रहोगे। मैंने भी अपने पिता की आज्ञाओं का पालन किया है और उसके प्रेम में दृढ बना रहता हूँ।

मैंने तुम लोगों से यह इसलिये कहा है कि तुम मेरे आनंद के भागी बनो और तुम्हारा आनंद परिपूर्ण हो। मेरी आज्ञा यह है जिस प्रकार मैंने तुम लोगो को प्यार किया, उसी प्रकार तुम भी एक दूसरे को प्यार करो। इस से बडा प्रेम किसी का नहीं कि कोई अपने मित्रों के लिये अपने

प्राण अर्पित कर दे। यदि तुम लोग मेरी आज्ञाओं का पालन करते हो, तो तुम मेरे मित्र हो।

अब से मैं तुम्हें सेवक नहीं कहूँगा। सेवक नहीं जानता कि उसका स्वामी क्या करने वाला है। मैंने तुम्हें मित्र कहा है क्योंकि मैने अपने पिता से जो कुछ सुना वह सब तुम्हें बता दिया है।

तुमने मुझे नहीं चुना बल्कि मैंने तुम्हें इसलिये चुना और नियुक्त किया कि तुम जा कर फल उत्पन्न करो, तुम्हारा फल बना रहे और तुम मेरा नाम लेकर पिता से जो कुछ माँगो, वह तुम्हें वही प्रदान करे।

मैं तुम लोगों को यह आज्ञा देता हूँ एक दूसरे को प्यार करो। (योहन 15:9-17)

प्रेरित-चरित में सेंट ल्यूक से यीशु की विदाई

जब वे ईसा के साथ एकत्र थे, तो उन्होंने यह प्रश्न किया- "प्रभु! क्या आप इस समय इस्राएल का राज्य पुनः स्थापित करेंगे ?" ईसा ने उत्तर दिया, "पिता ने जो काल और मुहूर्त अपने निजी अधिकार से निश्चित किये हैं, तुम लोगों को उन्हें जानने का अधिकार नहीं है।

किन्तु पवित्र आत्मा तुम लोगों पर उतरेगा और तुम्हें सामर्थ्य प्रदान करेगा और तुम लोग येरूसालेम, सारी यहूदिया और सामरिया में तथा पृथ्वी के अन्तिम छोर तक मेरे साक्षी होंगे।"
इतना कहने के बाद ईसा उनके देखते-देखते आरोहित कर लिये गये और एक बादल ने उन्हें शिष्यों की आँखों से ओझल कर दिया। ईसा के चले जाते समय प्रेरित आकाश की ओर एकटक देख ही रहे थे कि उज्ज्वल वस्त्र पहने दो पुरुष उनके पास अचानक आ खड़े हुए और बोले, "गलीलियो! आप लोग आकाश की ओर क्यों देखते रहते हैं? वही ईसा, जो आप लोगों के बीच से स्वर्ग में आरोहित कर दिये गये हैं, उसी तरह लौटेंगे, जिस तरह आप लोगों ने उन्हें जाते देखा है।"
(प्रेरित-चरित 1:6-11)

एफ़ेसियों 4:1-6 में संट पॉल की विदाई

"ईश्वर ने आप लोगों को बुलाया है। आप अपने इस
बुलावे के अनुसार आचरण करें - यह आप लोगों से
मेरा अनुरोध है, जो प्रभु के कारण कैदी हूँ।
आप पूर्ण रूप से विनम्र, सौम्य तथा सहनशील
बनें, प्रेम से एक दूसरे को सहन करें
और शान्ति के सूत्र में बँध कर उस एकता को बनाये रखने
का प्रयत्न करते रहें, जिसे पवित्र आत्मा प्रदान करता है।
एक ही शरीर है, एक ही आत्मा और एक ही आशा,
जिसके लिए आप लोग बुलाये गये हैं।
एक ही प्रभु है, एक ही विश्वास और एक ही बपतिस्मा।
एक ही ईश्वर है, जो सबों का पिता, सब के ऊपर,
सब के साथ और सब में व्याप्त है।"

संत मैक्सीमिलियन कोल्बे की हम सभी के लिए विदाई

"मरियम के नाम में, मैं इसे आप सब को कहता हूँ। वह आप से, आप में से हर एक से प्यार करती है। वह आपसे बहुत प्यार करती है। वह आपको हर समय और बिना किसी अपवाद के प्यार करती है"। (1)

धन्य वचन

यीशु राज्यों की आशीषों का वर्णन करते हुए

"धन्य हैं वे, जो अपने को दीन-हीन समझते हैं! स्वर्गराज्य उन्हीं का है।
धन्य हैं वे जो नम्र हैं! उन्हें प्रतिज्ञात देश प्राप्त होगा।
धन्य हैं वे, जो शोक करते हैं! उन्हें सान्त्वना मिलेगी।
घन्य हैं, वे, जो धार्मिकता के भूखे और प्यासे हैं! वे तृप्त किये जायेंगे।
धन्य हैं वे, जो दयालू हैं! उन पर दया की जायेगी।
धन्य हैं वे, जिनका ह्रदय निर्मल हैं! वे ईश्वर के दर्शन करेंगे।
धन्य हैं वे, जो मेल कराते हैं! वे ईश्वर के पुत्र कहलायेंगे।
धन्य हैं वे, जो धार्मिकता के कारण अत्याचार सहते हैं! स्वर्गराज्य उन्हीं का है।

PAUL E. CRANLEY (पॉल इ. क्रेनली)

धन्य हो तुम जब लोग मेरे कारण तुम्हारा अपमान करते हैं, तुम पर अत्याचार करते हैं और तरह-तरह के झूठे दोष लगाते हैं।

खुश हो और आनन्द मनाओ - स्वर्ग में तुम्हें महान् पुरस्कार प्राप्त होगा। तुम्हारे पहले के नबियों पर भी उन्होंने इसी तरह अत्याचार किया।"
(मत्ती 5:3-12)

टिप्पणियाँ:

परिशिष्ट

मरियम का आशीर्वाद पाने के लिए सेंट जोसेफ से प्रार्थना

सेंट जोसेफ, महादूत गेब्रियल के आदेश पर, आपने मरियम को अपने दिल और अपने घर में आमंत्रित किया था। आपने जल्द ही परमेशर को एक आश्चर्यजनक रूप से नए तरीके से खोजा-अपने पुत्र यीशु के रूप में। मैं मरियम को अपने दिल और अपने घर में प्राप्त करना चाहता हूँ। मुझे दिखाओ कि उसे कैसे प्यार करना है जैसे तुमने किया था, ताकि मैं भी अपने जीवन में फिर से परमेश्वर का अनुभव कर सकूं। अंत में, मुझे और मेरे परिवार को सभी नुकसानों से बचाएं जैसे कि आपने अपने पवित्र परिवार की रक्षा की है। आमीन।

मरियम के लिए फूल लायें

प्रत्येक माँ को खुशी होती है जब उनके प्रियजन उन्हें फूल उपहार में देते हैं, विशेषकर मुख्य अवसरों जैसे मदर्स डे, वेलेंटाइन डे या उनके जन्मदिन पर। मरियम भी इस विचारशील उपहार से प्यार करती है, चाहे फूल कितने भी साधारण क्यों न हों-यहाँ तक चाहें खिली हुई खरपतवार हो! वह इस उपहार से प्रसन्न होती है और आपको बताएगी कि वह इनसे प्यार करती है। फूल विशेष रूप से महत्वपूर्ण हैं क्योंकि वे बहुत लंबे समय तक नहीं टिकते हैं और जल्द ही मुरझा जाते हैं। यह उनके बच्चों के लिए एक अनुस्मारक है कि उनके हृदय की भक्ति को लगातार ताज़ा करने की आवश्यकता होती है, जो उनसे प्रार्थना करने और उन्हें रोज़ाना अनुमति देने की याद दिलाते हैं।

मरियम की तस्वीरों और मूर्तियों का सत्कार करें

अपने घर में मरियम या पवित्र परिवार की तस्वीर या मूर्ति का सम्मान करना आपके स्वर्गीय परिवार की दैनिक याद दिलाता है। यीशु, मरियम और जोसेफ के साथ अपने रिश्ते को ताजा रखने के लिए आपको याद दिलाने के लिए बार-बार छवि के सामने फूल रखें! हमारे घर में हम

12 महीनों के लिए हमारे चार बच्चों के परिवारों में से प्रत्येक के बीच मरियम की एक प्रतिमा प्रसारित करते हैं। प्रत्येक क्रिसमस हम मूर्ति को अगले परिवार को देते हैं और पिछले वर्ष के दौरान अनुभव किए गए कई आशीर्वादों को साझा करते हैं।

सामूहिक माला जपने का विशिष्ट प्रभाव

पवित्र सामूहिक सभा के बाद माला की प्रार्थना करना सबसे शक्तिशाली प्रार्थना है। एक समूह के भीतर प्रार्थना करना इसके महत्व और प्रभाव को ओर अधिक बढ़ा सकता है। परंपरागत रूप से यह प्रत्येक प्रार्थना के पहले भाग को विभाजित करके किया जाता है, जिसे एक व्यक्ति या समूह द्वारा बोला जाता है, और दूसरे आधे को किसी अन्य व्यक्ति या समूह द्वारा बोलकर सुनाया जाता है।
यह अनुशासन हमें रहस्यों पर बेहतर ध्यान केंद्रित करने में मदद कर सकता है और पवित्र माला के प्रति समर्पण भी विस्तारित कर सकता है।

हमारी सतत मदद करने वाली माँ से प्रार्थना(45)

सतत मदद करने वाली माँ, आप परमेश्वर द्वारा आशीषित और अनुगृहीत हैं। आप न केवल उद्धारक की माता बनीं, बल्कि उद्धार पाने वालों की भी माता बनीं। हम आज आपके प्यारे बच्चों के रूप में आपके पास आए हैं। हम पर नजर रखें और हमारा ख्याल रखें। जैसे आपने बालक यीशु को अपनी प्रेममयी बाहों में पकड़ा, वैसे ही हमें भी अपनी बाहों में ले लें। मां बनकर हर पल हमारी मदद के लिए तैयार रहें। परमेश्वर के लिए, जो पराक्रमी है, उसने आपके लिये महान कार्य किए हैं, और जो परमेश्वर से प्रेम रखते हैं उन पर परमेश्वर की करूणा युगों युगों तक बनी रहती है। प्रिय माता, हमारे लिए विनती करें, कि अपने पापों के लिए क्षमा, यीशु के लिए प्रेम, अंतिम दृढ़ता प्राप्त करें और हमेशा आपको बुलाने की कृपा प्राप्त करने के लिए, सतत सहायता की माँ, हमारे लिए मध्यस्थता करें। (45)

अभिषेक की पारंपरिक दैनिक प्रार्थना (24)

मेरी रानी, मेरी माँ, मैं अपने आप को पूर्णतः आपको देता हूँ;
और आपको अपनी भक्ति दिखाने के लिए मैं आज आपको मेरी आँखें,
और मेरे कान, मेरा मुंह, मेरा हृदय, मेरा पूरा
अस्तित्व बिना कुछ भी रखे समर्पित करता हूँ।
चूँकि मैं आपका हूँ, मेरी अच्छी माँ,
मुझे अपनी संपत्ति और धरोहर के रूप में रखो, मेरी रक्षा करो।
आमीन।

सतत मदद करने वाली हमारी माँ के लिए अभिषेक प्रार्थना(33)

बेदाग़ कुँवारी मरियम, / परमेश्वर की माँ और चर्च की माँ, / आप हमारी सतत् मदद की माँ भी हैं। / आपके लिए प्यार से भरे दिलों के साथ, / खुद को आपके बेदाग़ दिल के प्रति समर्पित करते हैं, / ताकि हम समर्पित बच्चे हो सकें/ हमारे लिए हमारे पापों के लिए सच्चा दुःख / और हमारे बपतिस्मा के वादे के प्रति वफादारी प्राप्त करें। हम अपने मन और हृदय को आपके लिए पवित्र करते हैं, / कि हम हमेशा अपने स्वर्गीय पिता की इच्छा पूरी कर सकें। / हम अपने जीवन को आपके लिए पवित्र करते हैं, / ताकि हम परमेश्वर से बेहतर प्रेम कर सकें, / और अपने लिए नहीं, / बल्कि मसीह, आपके पुत्र के लिए जी सकें, / और दूसरों में उसे देखने और उसकी सेवा करने में सक्षम हो सकें। अभिषेक के इस विनम्र कार्य के साथ, / सतत मदद की प्रिय माँ, / हम आपके आदर्श पर अपना जीवन बनाने की प्रतिज्ञा करते हैं, / पूर्ण ईसाई, / ताकि, जीवन में और मृत्यु के बाद आपके लिए समर्पित हो, / हम सभी अनंत काल के लिए आपके दिव्य पुत्र के हो सकते हैं।

(33)

सुबह की भेंट अभिषेक प्रार्थना (44)

हे यीशु, मरियम के बेदाग़ हृदय के माध्यम से, मैं आपको आपके पवित्र हृदय के सभी इरादों के लिए, दुनिया भर में जनसमुदाय के पवित्र बलिदान के साथ, मेरे पापों की प्रतिपूर्ति के लिए, मेरे सभी रिश्तेदारों और दोस्तों के इरादों के लिए, और विशेष रूप से पवित्र पिता के इरादों के लिए, इस दिन की प्रार्थनाओं, कार्यों, खुशियों और कष्टों की पेशकश करता/करती हूँ। आमीन।

फादर फेरेनबैक की अभिषेक प्रार्थना (3)

"हे मरियम, मैं स्वयं को आपके हाथों में सौंपता हूँ। मैं आपको अपना शरीर और अपनी आत्मा, अपने विचार और अपने कर्म, अपना जीवन और अपनी मृत्यु देता हूँ। यीशु को सभी चीजों से ऊपर प्यार करने में मेरी मदद करें। हे मरियम, मैं अपने आप को पूरी तरह से आपके हाथों से और आपके उदाहरण के अनुसार परमेश्वर को अर्पित करता हूँ। वह मेरे लिए जो कुछ भी चाहता है, मैं उसे स्वीकार करता हूँ और आपसे इस संकल्प के प्रति वफादार रहने के लिए कहता हूँ।" (फादर चार्ल्स जी. फेरेनबैक, सी.एस.एस.आर) (3)

मरियम के लिए संेंट डॉन बॉस्को की प्रार्थना (37)

**सबसे पवित्र वर्जिन मरियम, ईसाइयों की मदद,
आपके चरणों में आना कितना सुखद है
आपकी सतत मदद के लिए है याचना। यदि सांसारिक
माताएँ अपने बच्चों को याद करना नहीं भूलती,
आप, सभी माताओं में सबसे प्यारी, मुझे कैसे भूल सकती हो?
इसलिए मुझे प्रदान करें, मैं आपसे विनती करता हूँ,
मेरी सभी जरूरतों में आपकी सतत सहायता,
हर दुख में, और विशेष रूप से मेरे सभी प्रलोभनों में।
मैं उन सभी के लिए आपकी सतत सहायता
की माँग करता हूँ जो अब पीड़ित हैं।
कमजोरों की मदद करो, बीमारों को चंगा करो, पापियों को बदलो।
अपनी मध्यस्थता से धार्मिक जीवन को अनेक बुलाहटें प्रदान करो।**

PAUL E. CRANLEY (पॉल इ. क्रेनली)

हमारे लिए प्राप्त करो, हे मरियम, ईसाइयों की मदद, जिसने आपका धरती पर आह्वान किया है हम आपको प्यार और स्वर्ग में सदा धन्यवाद दे सकें।

दस आज्ञाएँ

1. मैं प्रभु तुम्हारा ईश्वर हूँ। मेरे सिवा तुम्हारा कोई ईश्वर नहीं होगा।
2. प्रभु अपने ईश्वर का नाम व्यर्थ मत लो;
3. विश्राम-दिवस को पवित्र मानने का ध्यान रखो।
4. अपने माता-पिता का आदर करों
5. हत्या मत करो।
6. व्याभिचार मत करो।
7. चोरी मत करो।
8. अपने पड़ोसी के विरुद्ध झूठी गवाही मत दो।
9. अपनी पड़ोसी की पत्नी का लालच न करो।
10. अपने पड़ोसी की किसी भी चीज का लालच न करो।

पश्चाताप का नियम (37)

हे मेरे परमेश्वर, मैं हृदय से क्षमा चाहता हूँ कि मैंने तुझे नाराज किया, और मैं अपने सारे पापों से घृणा करता हूँ, क्योंकि मैं स्वर्ग की हानि और नरक की पीड़ा से डरता हूँ, लेकिन सबसे बढ़कर क्योंकि आपको नाराज किया, हे मेरे परमेश्वर, जो सबसे भले हैं, और मेरे प्रेम के योग्य हैं। मैं आपकी कृपा से अपने पापों को स्वीकार करने, पश्चाताप करने का दृढ़ संकल्प लेता हूँ, और मेरे जीवन में सुधार करें। आमीन।

दया के शारीरिक कार्य (6)

भूखों को भोजन खिलाओ
प्यासे को पानी पिलाओ

मैररयन पुष्टिकरण साथी

बेघरों को आश्रय दें बीमारों से मुलाक़ात करें
कैदियों से मिलें
मृतकों को दफनायें

दया के आध्यात्मिक कार्य(6)
संदेह करने वालों को सलाह दें
अज्ञानी को उपदेश दें
पापी को समझाएँ
पीड़ित को सांत्वना दें अपराध क्षमा करें
परेशान करने वाले को धैर्यपूर्वक क्षमा करें
जीवित और मृत लोगों के लिए प्रार्थना करें

मरियम के पर्व के दिनों का जश्न (1)
मरियम के साल भर में कई पर्व होते हैं। उनके लिए समर्पित लोगों के लिए, इन दिनों को भांति भांति के विशेष तरीकों से मनाना याद रखें। यहाँ उनके सबसे प्रसिद्ध पर्वों की सूची दी गई है:
मदर ऑफ़ गॉड 1 जनवरी
प्रभु को भेंट, 2 फरवरी
आवर लेडी ऑफ लूर्डेस 11 फरवरी
घोषणा 25 मार्च
आवर लेडी ऑफ फातिमा, 13 मई
मरियम की एलिज़ाबेथ की यात्रा 31 मई
बेदाग़ दिल, शनिवार कॉर्पस के बाद क्रिस्टी माउंट
कार्मेल की धन्य वर्जिन मैरी 16 जुलाई
मरियम की धारणा, 15 अगस्त मरियम की ताजपोशी,22अगस्त
मरियम का जन्म 8 सितम्बर
मरियम का पवित्र नाम 12 सितंबर
हमारे दुःखों की माँ मरियम 15 सितम्बर
रोज़री की हमारी माँ 7 अक्टूबर
मरियम की भेंट 21 नवंबर

बेदाग़ गर्भाधान 8 दिसंबर
आवर लेडी ऑफ़ ग्वाड़ालूप 12 दिसंबर
क्रिसमस डे 25 दिसंबर

"आप मरियम को उनके पर्व मनाकर, उनके सम्मान में दैनिक प्रार्थना करके, विशेष रूप से रोज़री, और उनके जीवन का अनुकरण करके अपनी श्रद्धा दिखाते हैं। यह श्रद्धा हर दिन और मजबूत होती जाए।" (संेट जॉन पॉल द्वितीय) (12)

याद (44)

याद है, हे सबसे दयालु वर्जिन मैरी, यह कभी नहीं सुना गया कि कोई भी जो आपके संरक्षण के सहारे के लिए आया, आपकी मदद के लिए याचना की, या आपकी मध्यस्थता की मांग की, उसे बिना सहायता के छोड़ दिया गया। इस विश्वास से प्रेरित होकर, मैं आपका सहारा लेता हूँ, हे कुँवारियों की कुँवारी और माँ; मैं तुम्हारे पास आता हूँ; मैं पापी और शोकाकुल आपके सामने खड़ा हूँ; हे देहधारी वचन की माँ, मेरी याचिकाओं का तिरस्कार न करें, लेकिन आपकी दया में मुझे सुनें और मुझे जवाब दें। आमीन।

प्रशंसा (44)

मेरी आत्मा प्रभु की बड़ाई करती है
और मेरी आत्मा मेरे उद्धारकर्ता परमेश्वर में आनन्दित होती
है; क्योंकि उसने अपनी दासी की विनम्रता को देखा है;
क्योंकि देखो, अब से सारी पीढ़ियां मुझे धन्य कहेंगी;
क्योंकि वह जो सामर्थी है, उसने मेरे लिए बड़े बड़े
काम किए हैं, और उसका नाम पवित्र है;
और उसकी करूणा पीढ़ी दर पीढ़ी उन पर
बनी रहती है, जो उससे डरते हैं।
उसने अपनी भुजाओं से पराक्रम दिखाया है,
उसने घमण्डियों को उनके मन के अहंकार
में तित्तर बित्तर कर दिया है।

उसने बलवानों को उनके सिंहासनों से नीचे गिरा
दिया, और दीनों को ऊंचा किया है।
उसने भूखों को अच्छी वस्तुओं से तृप्त किया, और
धनवानों को खाली हाथ निकाल दिया।
उसने उसके प्रति दया को ध्यान में रखते हुए, अपने सेवक,
इस्राएल की सहायता की, जैसा कि उसने हमारे पिता
इब्राहीम और उनके वंशज से हमेशा का वादा किया था।

देवदूत प्रार्थना (1)
प्रभु के दूत ने मरियम को खबर दी,
और वह पवित्र आत्मा से गर्भवती हुई। जय मरियम।
प्रभु की दासी को देखो।
आपका वचन मुझमे पूरा हो। जय मरियम।
और वचन देहधारी हुआ।
और हमारे बीच में डेरा किया। जय मरियम।
हमारे लिए प्रार्थना करो, हे परमेश्वर की पवित्र माँ।
कि हम मसीह की प्रतिज्ञाओं के योग्य बनें।

चलिए प्रार्थना करें:
हे प्रभु, हम आपसे विनती करते हैं, अपने अनुग्रह
को हमारे ह्रदयों में भर दें। कि आप, जिसने
स्वर्गदूत की घोषणा में हमारे लिए अपने,
पुत्र के अवतार को प्रकट किया, उनके जुनून और क्रॉस ने
उसी मसीह, हमारे प्रभु के द्वारा, हमें पुनरूत्थान की महिमा
के लिए मार्गदर्शित किया। आमीन। (सेंट बोनावेंचर)

“देवदूत की प्रार्थना, रोज़री की तरह, हर ईसाई के लिए
होनी चाहिए, और इससे भी अधिक ईसाई परिवारों के लिए,
दिन के दौरान एक आध्यात्मिक नखलिस्तान, साहस और
आत्मविश्वास पाने के लिए।”(जेपीआईआई) (12)

PAUL E. CRANLEY (पॉल इ. क्रेनली)

रखवाले दूत की प्रार्थना (37)
परमेश्वर के दूत, मेरे प्रिय रखवाले,
परमेश्वर के प्रेम में, मैं तुम्हें सौंपा गया,
चाहें हो दिन (रात), मेरे लिए,
प्रकाश करो, रक्षा करो,
शासन और मार्गदर्शन करो। आमीन।

सेंट माइकल महादूत की प्रार्थना (37)
सेंट माइकल महादूत, लड़ाई में हमारी रक्षा करें, दुष्टता और शैतान के फंदों के खिलाफ हमारी सुरक्षा करें। हम विनम्रतापूर्वक प्रार्थना करते हैं कि परमेश्वर उस पर हावी हों; और आप, हे स्वर्गीय सेना के राजकुमार, परमेश्वर की शक्ति से, शैतान और उन सभी दुष्ट आत्माओं को नरक में डाल दें, जो आत्माओं की बर्बादी की तलाश में दुनिया भर में घूमते हैं। आमीन।

विवेक की परीक्षा "बार को जगाना"

1. पहले, बी (B) का अर्थ है आशीर्वाद: मरियम और पवित्र आत्मा के साथ अपने दिन की समीक्षा करें, और हर आशीर्वाद और हर क्रॉस के लिए परमेश्वर का धन्यवाद दें।
2. दूसरे, ए (A) का अर्थ है माँगना: बुराइयों को पहचानने के लिए मरियम की मदद माँगे और यीशु से क्षमा मांगे।
3. तीसरा, आर(R) का अर्थ है संकल्प: कल और बेहतर करने का संकल्प लें और पश्चाताप का एक अच्छा कार्य करें, और हर महीने संस्कारिक दोष-स्वीकृति पर जाएँ।

हर दिन पाँच मिनट बिताएं और मरियम से इस परीक्षा को अच्छी तरह से और ईमानदारी से करने में आपकी मदद करने के लिए कहें। यह आदत हमें विनम्र, शुद्ध और ईश्वरीय दया में पूरी तरह से डुबोए रखती है। मरियम इसे प्यार करती है!

पवित्र आत्मा के बारह फल (39)

दान। पवित्र आत्मा प्रेम है और हमें दान का धर्मशास्त्रीय गुण प्रदान करता है ताकि हम प्रत्येक व्यक्ति और वस्तु की तुलना में परमेश्वर को प्राथमिकता दे सकें। हम ईश्वर के साथ इस प्रेमपूर्ण मिलन की इच्छा रखते हैं। और यह परमेश्वर के लिए हमारे और हमारे पड़ोसियों के प्रति हमारे प्रेम में उमड़ता है।

1) आनंद। खुशी का एहसास तब होता है जब हम परमेश्वर के लिए जीते हैं और जानते हैं कि एक दिन हम उनके साथ अभी और हमेशा के लिए स्वर्ग में रहेंगे।
2) शांति। पवित्र आत्मा हमें हमारी आत्माओं में आदेश और एक स्पष्ट विवेक देता है। यह हमें हमारे परिवार, दोस्ती और जीवन के कर्तव्यों में भी आदेश देता है।
3) धैर्य। जब आप परमेश्वर के करीब होते हैं, तो बाकी सब कुछ ठीक हो जाता है ताकि आप धैर्य और मन की शांति प्राप्त कर सके। प्रेम शांति है।
4) परोपकार। यह दूसरों के प्रति दयालुता का गुण है।
5) अच्छाई। हम बुराई का त्याग और अच्छाई की तलाश करते हैं। हम अपने पापों का पश्चाताप और परमेश्वर की इच्छा को पूरा करने का प्रयास करते हैं।
6) सहनशीलता। परमेश्वर ने हमें जो मिशन दिया है उसमें है दृढ़ता और लंबे समय तक वफादार रहने की क्षमता।
7) नम्रता। यह हमें नैतिक गुण, संयम प्रदान करता है जो हमें अपने उग्र या क्रोधित होने की स्वाभाविक प्रवृत्ति पर काबू पाने में मदद करता है।
8) आस्था। यह एक धार्मिक गुण है जो हमें बपतिस्मा में दिया गया है। यह हमें परमेश्वर के प्रकट सत्य तक पहुँचने में सक्षम होने के लिए ईश्वरीय अनुग्रह देता है। हम परमेश्वर को पूर्ण अधिकार के रूप में रखते हैं।
9) शालीनता। इसमें हमारे कार्य करने और पहनावे का तरीका शामिल है। यह हमारे आंतरिक विनम्रता के बाहरी लक्षण हैं। यह यौन मामलों में हमारे मन और हृदय की शुद्धता को प्राथमिकता देता है।

10) संयम। यह यौन और अन्य व्यग्रता को पवित्र तरीके से नियंत्रित करने का गुण है जैसे विवाह में जब एक पति या पत्नी बीमारी के कारण संबंध नहीं बना सकते हैं।

पवित्रता। यह एक पुजारी, धार्मिक या पवित्र आम आदमी के रूप में खुद को पूरी तरह से परमेश्वर के सामने समर्पित करना है। सभी पेशेवरों को उनके जीवन जीने के तरीके में पवित्रता रखने के लिए कहा जाता है। इसमें विवाहित लोग शामिल हैं जो अपने जीवनसाथी के प्रति वफादार होते हैं। यह उन सभी लोगों को यौन रूप से शुद्ध होने का अनुग्रह भी देता है जो विवाह करने की प्रतीक्षा कर रहे हैं।

पवित्र आत्मा के सात उपहार (39)

1) बुद्धिमत्ता। यह हमें ईश्वर को जानने और सांसारिक चीजों से ऊपर दिव्य चीजों को महत्व देने में सक्षम बनाता है।
2) समझ। यह हमारे कैथोलिक विश्वास, बाइबिल और संतों को समझने में हमारी मदद करता है।
3) परामर्शदाता। परमेश्वर की इच्छा को पूरा करने के लिए खुद को और दूसरों का मार्गदर्शन करने के लिए यह आवश्यक ज्ञान है। यह दूसरों को आध्यात्मिक और लौकिक समस्याओं से निकालने में हमारी मदद करता है।
4) दृढ़ता। यही वह ताकत है जिसकी हमें सहने और साहस रखने में जरूरत है। यह अच्छे के लिए उत्पीड़न और कष्टों को सहने में हमारा मददगार है।
5) ज्ञान। यह हमें परमेश्वर को, स्वयं को और दूसरों को जानने में मदद करता है जैसे कि परमेश्वर जानता है।
6) करुणा। यह उपहार हमें प्रार्थना के पवित्र जीवन के माध्यम से परमेश्वर की सेवा करने और सभी घटनाओं में उन्हें देखने के लिए प्यार से भर देता है।
7) प्रभु का भय। "प्रभु का भय मानना बुद्धिमत्ता का आरम्भ है।" हम हमेशा अपने पापों के लिए उसके उचित दंड से डरते हैं, लेकिन इससे भी ज्यादा हम उसे अप्रसन्न या अपमानित करने से डरते हैं।

रोज़री की प्रार्थना करने वालों के लिए 15 वादे (38)

1. जो कोई भी माला जप कर ईमानदारी से मेरी सेवा करेगा, उन पर विशेष कृपा होगी।
2. उन सभी के लिए जो माला का पाठ करेंगे, मैं अपनी विशेष सुरक्षा और बड़ी कृपा का वादा करता हूँ।
3. माला नर्क के विरुद्ध एक शक्तिशाली हथियार होगी; यह दोषों को खत्म कर देगी, पाप से मुक्ति हो जाएगी और विधर्मियों को पराजित कर देगी।
4. इससे भले काम फलेंगे-फूलेंगे; यह आत्माओं के लिए परमेश्वर की प्रचुर दया प्राप्त करेगा; यह पुरुषों [और महिलाओं] के हृदयों को दुनिया के व्यर्थ प्रेम से दूर कर देगा, और उन्हें अनंत चीजों की लालसा में ऊपर उठा देगा। ओह, कितनी आत्माएँ इस माध्यम से खुद ब खुद पवित्र होंगी।
5. वह आत्मा जो माला के पाठ द्वारा स्वयं की सिफारिश मुझसे करती है, वह नष्ट नहीं होगी।
6. जो कोई भी पवित्र रहस्यों पर विचार करने के साथ खुद को [स्वयं को] समर्पित करते हुए श्रद्धापूर्वक माला का पाठ करेगा, वह कभी भी दुर्भाग्य से पीड़ित नहीं होगा। परमेश्वर उसके न्याय में उसकी ताड़ना नहीं करेगा, वह अकारण मृत्यु से नाश न होगा; यदि वह धर्मी है तो वह परमेश्वर के अनुग्रह में बना रहेगा, और अनन्त जीवन के योग्य ठहराया जाएगा।
7. जो कोई भी रोज़री के लिए सच्ची श्रदा रखेगा वह चर्च के संस्कारों के बिना नहीं मरेगा।
8. जो लोग रोज़री का पाठ करने के लिए वफादार हैं, उन्हें उनके जीवन के दौरान और उनकी मृत्यु पर परमेश्वर का प्रकाश और उनके अनुग्रह की प्रचुरता होगी; मृत्यु के क्षण में वे स्वर्ग में संतों की उत्कृष्टता में भाग लेंगे।
9. मैं रोज़री के लिए समर्पित आत्माओं को शुद्धिकरण से मुक्त करता हूँ।
10. रोज़री के वफादार बच्चे स्वर्ग में उच्च स्तर की महिमा का आनन्द लेंगे।
11. माला के जाप द्वारा तुम मुझसे जो कुछ भी मांगोगे वह सब तुमको प्राप्त हो जाएगा।

12. वे सभी जो पवित्र माला का प्रचार करते हैं, उनकी जरूरतों में मेरे द्वारा सहायता की जाएगी।
13. मैंने अपने दिव्य पुत्र से जान लिया है कि माला के सभी समर्थकों के पास उनके जीवन के दौरान और मृत्यु के समय पूरे दिव्य न्यायालय में मध्यस्थता करने वाले होंगे।
14. माला का पाठ करने वाले सभी मेरे पुत्र हैं, और मेरे इकलौते पुत्र, यीशु मसीह के भाई हैं।
15. मेरी माला के प्रति समर्पण पूर्वनियति का एक बड़ा संकेत है।

संट मदर टेरेसा के कर्तव्यों की सूची (8)

मरियम के कर्तव्य	मेरे कर्तव्य
1. अपनी आत्मा और हृदय को देना।	1. मेरे पास जो कुछ भी है और जो मैं हूँ उसकी पूरी भेंट।
2. मुझे अपनाओ, मेरी रक्षा करो और मुझे रूपांतरित करो।	2. उस पर पूर्ण निर्भरता।
3. मुझे प्रेरित करें, मार्गदर्शन करें और मुझे समझाएँ।	3. उसकी भावना के प्रति जवाबदेही।
4. प्रार्थना और स्तुति के अपने अनुभव को साझा करें	4. प्रार्थना के प्रति निष्ठा।
5. मेरे शुद्धिकरण का उत्तरदायित्व।	5. उसकी मध्यस्थता पर भरोसा रखें।
6. जो भी मेरे साथ होता है उसकी जिम्मेदारी।	6. उसकी आत्मा का अनुकरण करें।
7. मेरी आध्यात्मिक और भौतिक जरूरतों को पूरा करना।	7. उसका निरंतर सहारा लेना।
8. मुझे और मेरे कर्मों को शुद्ध करना।	8. इरादे की पवित्रता; आत्म-इंकार।
9. मेरे, मेरी प्रार्थनाओं और मध्यस्थताओं और अनुग्रहों के निस्तारण का अधिकार।	9. राज्य की भलाई के लिए उसका और उसकी ऊर्जा का स्वयं उपयोग करने का अधिकार।
10. मेरे अंदर और आसपास पूरी स्वतंत्रता, जैसे वह सब चीजों में चाहती है।	10. उसके हृदय में प्रवेश करने का, उसके आंतरिक जीवन में हिस्सा लेने का अधिकार।

PAUL E. CRANLEY (पॉल इ. क्रेनली)

पवित्र माला के 20 रहस्य

रहस्य	आनंदपूर्ण	प्रकाशमान	दुःखद	यशस्वी
पहला	घोषणा	यीशु का बपतिस्मा	बगीचे में पीड़ा	पुनरुत्थान
दूसरा	मरियम की एलिजाबेथ की यात्रा	काना में शादी की दावत	स्तंभ पर कोड़े लगाना	स्वर्ग में आरोहण
तीसरा	यीशु का जन्म	राज्य की उद्घोषणा	काँटों वाला ताज	पवित्र आत्मा का अवतरण
चौथा	यीशु की मंदिर में प्रस्तुति	यीशु का रूपांतरण	अपने क्रूस को उठाना	मरियम की धारणा
पांचवां	मंदिर में यीशु की खोज	यूचरिस्ट की संस्था	सूली पर चढ़ाया जाना	स्वर्ग की रानी मरियम की ताजपोशी

दुनिया का अभिषेक?

मैक्सिमिलियन कोल्बे ने हमें सिखाया कि दुनिया को बेदाग़ हृदय के लिए समर्पित करना चाहिए और इसे जल्द से जल्द करना चाहिए! तो यह कितनी तेजी से किया जा सकता है? यह केवल 33 वर्षों में पूरा किया जा सकता है!

यदि हम मान लें कि इस वर्ष एक पुष्टिकरण उम्मीदवार और एक प्रायोजक खुद को बेदाग हृदय के लिए समर्पित करते हैं और दोनों इस प्रक्रिया के माध्यम से हर साल एक दूसरे व्यक्ति का मार्गदर्शन करने का वादा करते हैं, तो 33 वर्षों में, 8.5 अरब आत्माओं का अभिषेक किया जाएगा। यही सब है!

इसलिए, जितने वर्ष यीशु इस पृथ्वी पर चले उतने ही वर्ष लग सकते हैं। चलिए आज से शुरू करते हैं। आप में से प्रत्येक, इस प्रक्रिया के माध्यम से हर साल एक आत्मा को लेकर आए। यदि हम सब ऐसा करें तो हम इस अद्भुत लक्ष्य को प्राप्त कर लेंगे। मरियम इसे पसंद करेगी और उसका पुत्र, यीशु भी!

(कैलकुलेटर में संख्या 2 दर्ज करके और संख्या को 33 बार दोगुना करके आप स्वयं भी इस उत्तर की गणना कर सकता हैं।) आओ, प्रभु यीशु!

बपतिस्मा संबंधी वादों का नवीनीकरण

क्या आप शैतान और उसके सभी कामों और सभी खोखले वादों को अस्वीकार करते हैं?

उम्मीदवार: मैं करता हूँ।

क्या आप स्वर्ग और पृथ्वी के निर्माता सर्वशक्तिमान पिता परमेश्वर में विश्वास करते हैं?

उम्मीदवार: मैं करता हूँ।

क्या आप यीशु मसीह में विश्वास करते हैं, उनका एकमात्र पुत्र, हमारा प्रभु, जो पवित्र मरियम से पैदा हुआ, क्रूस पर चढ़ाया गया, मर गया, और दफनाया गया, मृतकों में से जी उठा, और अब पिता के दाहिने हाथ पर विराजमान है?

उम्मीदवार: मैं करता हूँ।

क्या आप पवित्र आत्मा, प्रभु, जीवन देने वाले पर विश्वास करते हैं, जो पिन्तेकुस्त के दिन प्रेरितों पर आया था और आज आपको संस्कार के रूप में पुष्टि में दिया गया है?

उम्मीदवार: मैं करता हूँ।

क्या आप पवित्र कैथोलिक चर्च, संतों की संगति, पापों की क्षमा, शरीर के पुनरुत्थान और अनन्त जीवन में विश्वास करते हैं?

उम्मीदवार: मैं करता हूँ।

यह हमारा विश्वास है। यह चर्च की आस्था है। हम अपने प्रभु यीशु मसीह में इसको अंगीकार करने में गर्व करते हैं।आमीन।

संदर्भ

1. फादर माइकल इ. गैटली, एमआईसी, **33 डेज़ टू मॉर्निंग ग्लोरी,** (मैरियन प्रेस, स्टॉकब्रिज एमए) 2011.
2. USCCB वेबसाइट से लिया गया पवित्र शास्त्र।
3. फादर चार्ल्स जी. फेरेनबैक, सी.एस.एस.आर, **मैरी, डे बाए डे** (कैथोलिक बुक पब्लिशिंग कॉर्पोरेशन, एनजे) 1987.
4. पॉप पायस XII, मनीला के आर्कबिशप को पत्र "**फिलीपींस इंसुलस**": एएएस 38 (1946) . पृष्ठ 419.
5. **जॉन पॉल द्वितीय से आशा और प्रेरणा के शब्द** (एड. ई. पी. डटन, 1995)
6. यूएससीसीबी वेबसाइट www.usccb.org **कैथोलिक चर्च की धर्मशिक्षा,** 2021.
7. जॉन पॉल द्वितीय, **थियोटोकोस**, **वुमन. मदर, डीसीपल,** 2000.
8. रेव. जोसेफ लैंगफोर्ड, एमसी, **इन द शैडो ऑफ आवर लेडी**, 2007 पृष्ठ 78.
9. सेंट जॉन पॉल द्वितीय, **रिडेम्प्टोरिस मेटर,** मार्च 1987.
10. बेदाग गर्भाधान के मैरियन पिता, **रोज़री प्रतिदिन प्रार्थना**, मैरियन प्रेस, 2015.
11. www.https://www.goodreads.com/quotes.
12. फादर डॉन एच. कैलोवे, एमआईसी, **रोज़री जेम्स, डेली विजडम ऑन द होली रोज़री**, (मैरियन प्रेस) 2015.
13. सेंट थॉमस एक्विनास, **दस आज्ञाओं की व्याख्या,** www.ewtn. com/ लाइब्रेरी.
14. सेंट अल्फोंसस लिगुरी, **द ग्लोरीज़ ऑफ मैरी**, लिगुरी प्रकाशन, 2000, पृष्ठ 401.
15. सेंट लुइस मैरी डी मोंटफोर्ट, **मैरी के प्रति सच्ची भक्ति,** (टैन बुक्स, आई एल) 1985.
16. वेटिकन द्वितीय दस्तावेज़ **लुमेन जेंटियम**, 1964.
17. हेनरी जे.एम. नौवेन, **मिनिस्ट्री और स्प्रिचुअलिटी** 1996.
18. सेंट थॉमस एक्विनास, **द लॉ ऑफ़ हॉस्पिटलिटी**, b1225-d1274.
19. सेंट जॉन पॉल द्वितीय, होमिली, 30 अप्रैल, 1982.
20. सेंट मैक्सिमिलियन कोल्बे, **ऐम हायर,** (मैरीटाउन प्रेस), 2007. P134.
21. कार्डिनल फुल्टन जे. शीन, **द वर्ल्डस फर्स्ट लव**, 2010.

22. सेंट जॉन पॉल द्वितीय, **रोसैरियम वर्जिनिस मारिया**, 2002.
23. फादर ए.बी. कल्किंस, **द एलायंस ऑफ़ द टू हार्ट्स एंड कॉन्सेक्रेशन**, माइल्स इमैकुलाटा, 12/1995, पृष्ठ 389
24. **रैकोल्टा**, #340. 1957.
25. सेंट लुइस मैरी डी मोंटफोर्ट, **द सीक्रेट ऑफ़ द रोज़री**, टैन बुक्स, 1993.
26. स्कॉट हैन, **ईडन गार्डन में वापसी, मानव जाति के साथ परमेश्वर की वाचा का पता लगाना**, 2015.
27. www.https://www.catholicyyc.ca/blog
28. ब्रांट पेट्री, **जीसस और यूचरिस्ट की यहूदी जड़ें**, डीवीडी, 2016.
29. सेंट थॉमस एक्विनास होमिली, **क्रॉस हर गुण का उदाहरण देता है**, b1225-d1274.
30. www.https://aleteia.org/2016/02/26.
31. सेंट जॉन बॉस्को, **प्रिस्क्रिप्शन #6,** www.americaneedsfatima.org, 2021.
32. ओमर वेस्टेंडॉर्फ, अनुवाद, **यूबीआई कैरिटास,** 1961.
33. **सतत सहायता अभिषेक की आवर लेडी**, http://www.olphcc.org/ OLPH_Novena.pdf.
34. सेंट जॉन पॉल द्वितीय, **अपोस्टोलिक पत्र**, 1988.
35. ब्रैड कूपर, **द पिल्ग्रिमेज ऑफ़ द होली रोज़री**, 2017
36. सेंट जॉन पॉल द्वितीय, **जनरल ऑडियंस**, 12 जनवरी 2000.
37. www.https://www.ewtn.com/catholicism/devotions.
38. सेंट डोमिनिक एंड ब्लेस्ड एलन डे ला रोश, www.americaneedsfatima.org. 2021.
39. www.http://www.traditionalcatholicpriest.com, 2021.
40. www.https://stmarymiddletown.com/ministries-1.
41. फादर रिचर्ड रूनी, एसजे, लेट्स प्रेय (नॉट जस्ट से) द रोज़री, (लिगुरी प्रकाशन, एमओ) 2007.
42. सेंट फॉस्टिना, सेंट मारिया फॉस्टिना कोवाल्स्का की डायरी, फोन. 742. मैरियन प्रेस, 2006.
43. आर्थर बी. कल्किन्स, टोटस ट्यूस, 2017.
44. **चैलेंज**, लोयोला यूनिवर्सिटी प्रेस, शिकागो, 1958.
45. www.https://www.catholic.org/prayers.
46. एडवर्ड, श्री, **पुरुष, महिलाएं और प्रेम का रहस्य**, फ्रांसिस्कन मीडिया, सिनसिनाटी, 2015.

अभिस्वीकृति

मेरे संपादकों को बहुत-बहुत धन्यवाद: फादर. जोसेफ हो, सी.एस.एस.आर., फादर. मारिउज़ विर्कोवस्की, सुश्री लियो वेल्ज़िक, ब्रायन क्रैनली, लिन रैमसे, ग्रेग ब्राउन, जो चिरको, सैंड्रा विस्सिंगर और जिन्होंने मुझे प्रोत्साहित किया: आर्ट वंदावीर, डैन नजवार, जॉन व्हाइट, माइक लेटिनो, जॉर्ज हेल, स्टीव सोलिस, टोनी स्टॉट्स, जिम सिबेंथल, अल बालिंस्की, जीन ओसिना, बार्ब क्रॉस, थेरेसा मोरालेस, पैट जिमेनेज़ और डिक और जेई ग्रिसवॉल्ड।

कवर डिज़ाइन के लिए मैरी फ़्लैनिगन और ऑडियोबुक रिकॉर्डिंग के लिए मैट क्रैनली को विशेष धन्यवाद।
मेरे जीवन में सभी माताओं का धन्यवाद जिन्होंने मुझे बहुत कुछ सिखाया, विशेष रूप से मेरी माँ, हेलेन थेरेसा क्रैनली जिन्होंने मुझे मेरी पहली माला दी, जो मेरे पिता की थी, और मेरी सास, मार्गरेट मैरी सैम, जिन्होंने मिशनों के लिए सैकड़ों मालाएँ बनाई और मुझे सिखाया कि उन्हें कैसे बनाना है।
मैं यह पुस्तक अपनी पत्नी नैन्सी, एक महान माँ और दादी और हमारे चारों बच्चों और छह पोते-पोतियों को समर्पित करता हूँ।
मैं इसे तीन महान पोलिश संतों को भी समर्पित करता हूँ जिन्होंने मुझे गहराई से प्रेरित किया:
सेंट मैक्सिमिलियन कोल्बे, सेंट मारिया फॉस्टिना और सेंट जॉन पॉल द्वितीय।

यीशु और मरियम का संयुक्त हृदय, विजय और शासन!

लेखक के बारे में

पॉल इ. क्रैनली

पॉल ने 1971 में जेवियर विश्विद्यालय से रसायन विज्ञान में बी.एस. से स्नातक की और केंटकी विश्वविद्यालय से 1974 में रसायन विज्ञान और व्यवसाय में स्नाकोत्तर की डिग्री ली। वह पैरिश धार्मिक शिक्षा के कई क्षेत्रों में 40 से अधिक वर्षों के लिए एक स्वयंसेवक शिक्षक रहे हैं, जिसमें बॉय स्काउट्स, फर्स्ट कम्युनियन, कन्फर्मेशन, हाई स्कूल सीसीडी, आरसीआईए, यंग एडल्ट मिनिस्ट्री और एडल्ट रिट्रीट मिनिस्ट्री जैसे लाइफ इन द स्पिरिट, क्राइस्ट रिन्यूज़ हिज़ पैरिश, एसीटीएस, और कैरोस प्रिज़न मिनिस्ट्री शामिल हैं। पॉल ने इन वर्षों के दौरान सात बार पुष्टिकरण प्रायोजक के रूप में सेवा की। पॉल ने व्यक्तिगत रूप से पिछले 27 वर्षों में से प्रत्येक के लिए खुद को हमारी धन्य माँ के लिए समर्पित किया है और 33 दिनों के अभिषेक कार्यक्रमों के माध्यम से 300 से अधिक अन्य लोगों का मार्गदर्शन किया है। पॉल और नैन्सी की शादी को 46 साल हो चुके हैं और उनके चार बच्चे और छह पोते-पोतियां हैं।

टिप्पणियाँ

टिप्पणियाँ

माला की प्रार्थनाएँ

प्रेरितों का पंथ

मैं सर्वशक्तिमान पिता परमेश्वर, स्वर्ग और पृथ्वी के सृष्टिकर्ता, और उसके इकलौते पुत्र हमारे प्रभु यीशु मसीह पर विश्वास करता हूँ,
जो पवित्र आत्मा द्वारा गर्भ में आया था, वर्जिन मैरी से पैदा हुआ, पोंटियस पिलाट के अधीन पीड़ित, उसे सूली पर चढ़ाया गया, उसकी मृत्यु हो गई और उसे दफना दिया गया; वह नरक में उतरा; तीसरे दिन वह मरे हुओं में से जी उठा;
वह स्वर्ग पर चढ़ा, और सर्वशक्तिमान पिता परमेश्वर के दाहिने हाथ विराजमान है;
वहाँ से वह जीवितों और मरे हुओं का न्याय करने के लिये आएगा।
मैं पवित्र आत्मा, पवित्र कैथोलिक चर्च, संतों के समुदाय, पापों के निवारण, शरीर के पुनरुत्थान और अनन्त जीवन में विश्वास करता हूँ। आमीन।

हमारे पिता

हे हमारे पिता, जो स्वर्ग में हैं, तेरा नाम पवित्र माना जाए, तेरा राज्य आए, तेरी इच्छा जैसे स्वर्ग में पूरी होती है, वैसे ही पृथ्वी पर भी हो।
हमारी प्रतिदिन की रोटी इस दिन हमें दे और हमारे अपराधों को क्षमा कर,
जैसा कि हम उन लोगों को क्षमा करते हैं जो हमारे विरुद्ध अपराध करते हैं; और हमें प्रलोभन में न ले जाएँ,
लेकिन हमें बुराई से बचाएं, आमीन।

जय मरियम

जय मरियम, अनुग्रह से भरी हुई, प्रभु आपके साथ है; आप स्त्रियों में धन्य हैं, और धन्य है आपके गर्भ का फल, यीशु।
पवित्र मरियम, परमेश्वर की माता, हम पापियों के लिए अभी और हमारी मृत्यु के समय प्रार्थना करें। आमीन।

जय हो

पिता और पुत्र और पवित्र आत्मा की जय हो।
जैसा कि यह शुरुआत में था, अब है और हमेशा रहेगा, बिना अंत की दुनिया। आमीन।

फातिमा प्रार्थना

हे मेरे यीशु, हमें हमारे पापों को क्षमा कर दो, हमें नर्क की आग से बचाओ, सभी आत्माओं को स्वर्ग की ओर ले चलो, विशेष रूप से उन लोगों को जिन्हें तेरी दया की सबसे अधिक आवश्यकता है। जय, जय, जय मरियम, जय, जय, जय मरियम।

प्रार्थना का समापन

जय हो, पवित्र रानी, दया की माँ, जय हो, हमारा जीवन, हमारी मिठास और हमारी आशा, हे हव्वा के गरीब निर्वासित बच्चों, हम तुम्हारे लिए रोते हैं, क्या हम आंसुओं की इस घाटी में विलाप करते हुए और रोते हुए अपनी आह भरते हैं। फिर, सबसे दयालु अधिवक्ता, अपनी दया की आंखें हमारी तरफ करें, और इस निर्वासन के बाद, हमें अपने गर्भ का धन्य फल, यीशु दिखाएं;
हे मेहरबान, हे प्यार, हे वर्जिन मरियम।
हमारे लिए प्रार्थना करो, हे परमेश्वर की पवित्र माता, कि हम मसीह के वादों के योग्य बन सकें

हे परमेश्वर, जिसके एकलौते पुत्र ने अपने जीवन, मृत्यु और पुनरूत्थान द्वारा हमारे लिए अनंत जीवन का प्रतिफल खरीद लिया है; अनुदान दें, हम आपसे विनती करते हैं, कि धन्य वर्जिन मरियम की सबसे पवित्र रोज़री के इन रहस्यों पर ध्यान देते हुए, कि हम उसी मसीह हमारे प्रभु के माध्यम से जो कुछ वे रखते हैं उसका अनुकरण कर सकते हैं और जो वे वादा करते हैं उसे प्राप्त कर सकते हैं। आमीन।

पिता और पुत्र और पवित्र आत्मा के नाम पर। आमीन।

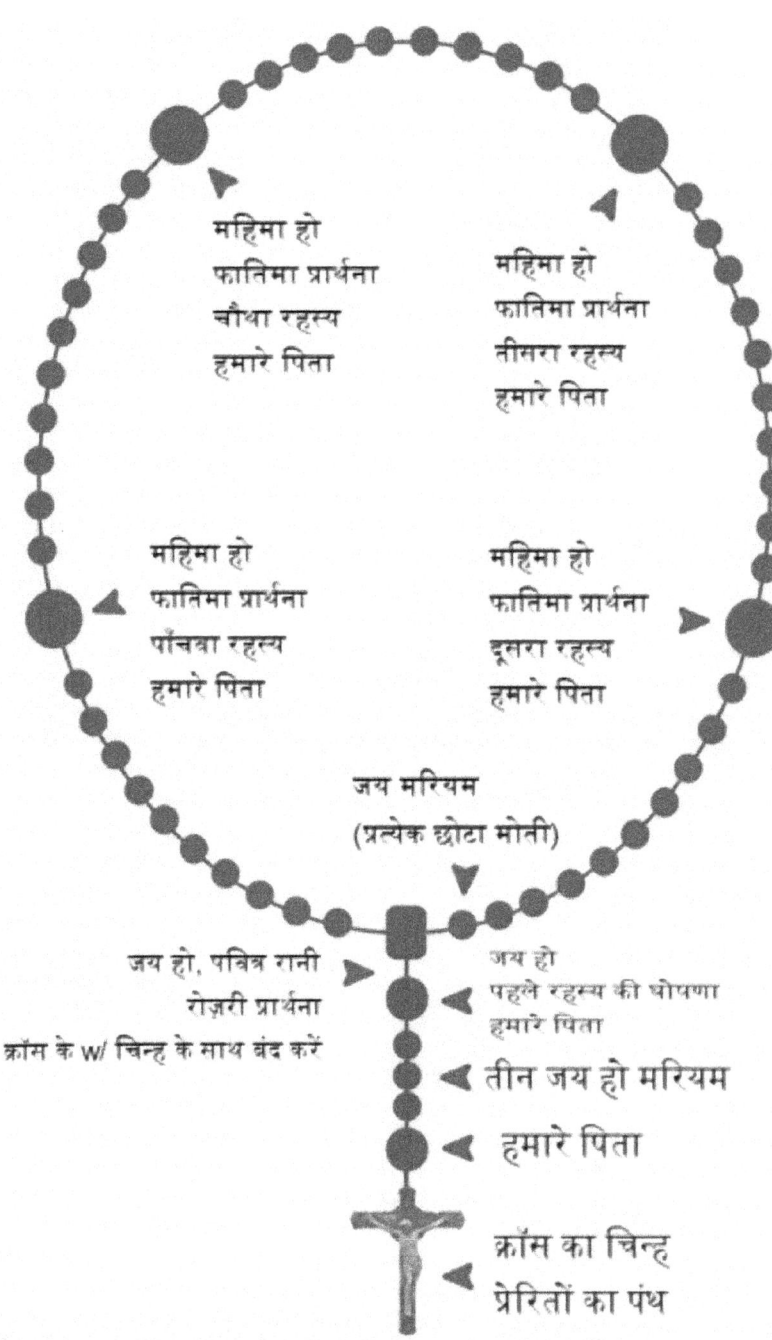

महिमा हो
फातिमा प्रार्थना
चौथा रहस्य
हमारे पिता
महिमा हो
फातिमा प्रार्थना
तीसरा रहस्य
हमारे पिता
महिमा हो
फातिमा प्रार्थना
पाँचवा रहस्य
हमारे पिता
महिमा हो
फातिमा प्रार्थना
दूसरा रहस्य
हमारे पिता
जय मरियम
(प्रत्येक छोटा मोती)
जय हो, पवित्र रानी
रोज़री प्रार्थना
क्रॉस के w/ चिन्ह के साथ बंद करें
जय हो
पहले रहस्य की घोषणा
हमारे पिता
तीन जय हो मरियम
हमारे पिता
क्रॉस का चिन्ह
प्रेरितों का पंथ

संदर्भ. (40)

www.ingramcontent.com/pod-product-compliance
Lightning Source LLC
Chambersburg PA
CBHW070634100426
42744CB00006B/676
9798990440210